V

COMPOSITIONS HISTORIQUES.

A MONSIEUR

LE COMTE LÉOPOLD DE RUOLZ

MEMBRE DE L'ACADÉMIE IMPÉRIALE DES SCIENCES,
BELLES-LETTRES ET ARTS DE LYON.

MONSIEUR LE COMTE,

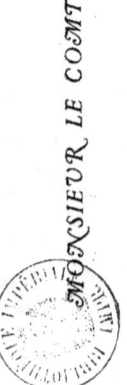

J'AI eu l'honneur de mettre sous vos yeux les esquisses de mes compositions historiques, vous avez bien voulu m'aider de vos avis & m'encourager dans la pensée que j'avais de les publier.

Tous les sujets, vous le savez, en sont pris dans les histoires grecque & romaine ; c'est un dernier hommage que je rends à ces deux peuples, nos maîtres dans les lettres & dans les arts.

Veuillez, Monsieur le Comte, agréer ce modeste ouvrage, je serai heureux si vous me permettez d'y placer votre nom.

A. CHENAVARD.

Lyon, le 15 mai 1862.

SUJETS GRECS.

AMPHION.

Amphion était fils d'Antiope, femme de Lycus, qui régnait à Thèbes, 1416 ans avant J.-C. Lycus ayant soupçonné la fidélité d'Antiope, la répudia & épousa Dircé. Plus tard, Jupiter visita Antiope & la rendit mère de deux jumeaux, Zethus & Amphion. Dircé, qui les crut fils de Lycus, fit enfermer Antiope dans une étroite prison d'où elle fut délivrée par Jupiter, puis elle se retira auprès de ses fils.

Zethus s'était adonné aux soins des troupeaux, & Amphion, qui avait reçu de Mercure une lyre, devint musicien habile.

Ces deux frères, pour venger leur mère, se rendirent à main armée devant Thèbes, la prirent & firent mourir Lycus & Dircé.

Amphion régna à Thèbes vers 1390 avant J.-C.; il entoura de murs cette cité qui avait été fondée par Cadmus, en 1549.

Les mythologues disent que les pierres dont ces murs furent construits, sensibles aux accords de la lyre d'Amphion, s'élevaient & se plaçaient d'elles-mêmes : ingénieux emblème de la puissance que la mélodie exerçait sur ces peuples primitifs.

La poésie a des fictions qui ne peuvent être exprimées par la peinture. En réalité, Amphion soutenait par ses chants l'ardeur des ouvriers qui élevaient ces murailles.

PL. II.

ENLEVEMENT DE MEDEE.

Des héros grecs, sous le nom d'Argonautes, formèrent le projet de se rendre dans la Colchide pour s'emparer des trésors du roi Aetès.

Parmi ces héros étaient Jason, fils d'Eson, roi d'Iolchos en Thessalie; Castor & Pollux, fils de Tyndate, roi de Sparte; Hercule; Pelée, roi de Phthiotie, & Orphée qui partageait des travaux qu'il adoucissait par ses chants. Ces héros choisirent Jason pour chef de leur expédition.

Au nombre des trésors d'Aetès était une toison d'or que Phryxus, obligé de s'éloigner de Thèbes, apporta dans la Colchide. La possession de cette toison devait combler Jason de richesses & d'honneur.

Après une navigation longue & périlleuse, les Argonautes arrivèrent à Colchos. La toison d'or était gardée par un horrible dragon; mais la fille d'Aetès, Médée, qui prenait déjà un tendre intérêt à Jason, lui promit de le faire triompher du monstre, s'il voulait lui donner sa foi. Jason, avec le secours de Médée, tua le dragon & enleva la toison.

Les deux amants prirent la fuite, &, quoique poursuivis par les envoyés d'Aetès, ils arrivèrent dans l'île de Schérie, à la cour du roi Alcinoüs, où leur mariage fut célébré.

Jason, ayant vainement tenté de reprendre le trône d'Iolchos, se retira avec Médée à Corinthe, où ils vécurent dix ans dans une union qui ne fut troublée que par l'infidélité de Jason, devenu amoureux de Glaucé, fille de Créon, roi de Corinthe. Il épousa Glaucé & répudia Médée. Médée punit le parjure en sacrifiant à sa vengeance Glaucé, le roi Créon & les deux enfants qu'elle-même avait eus de Jason, & elle prit la fuite.

Jason se retira alors en Thessalie. Après y avoir mené une vie errante, il périt, selon la prédiction de Médée, sous la chute des débris du vaisseau des Argonautes.

Médée retourna en Colchide, auprès de son père, qu'elle trouva détrôné par Persès, son propre fils; elle se réconcilia avec lui & parvint à le rétablir sur son trône.

L'expédition des Argonautes, 1360 avant J.-C.

ETHRA DÉCOUVRE A THÉSÉE LE SECRET DE SA NAISSANCE.

Pitheüs, furnommé le Sage, avait fondé la ville de Trezène. Il y reçut Égée, roi d'Athènes, & lui donna en mariage Ethra, fa fille.

A fon départ pour Athènes, Égée laiffa chez Pitheüs Ethra devenue groffe, & cacha une épée & des brodequins fous une grande pierre affez creufe pour contenir le dépôt. Il ne communiqua fon fecret qu'à Ethra feule, & il lui recommanda, fi elle accouchait d'un fils, & que, parvenu à l'âge viril, il fût affez fort pour lever la pierre & prendre ce que fon père aurait laiffé, de lui envoyer muni de ces fignes de reconnaiffance. Il partit, & Ethra mit au monde un fils qui fut nommé Théfée.

Lorfque Théfée, parvenu à l'adolefcence, eut montré qu'à la force du corps, au courage & à la grandeur d'âme, il joignait la fageffe & le bon fens, Ethra le mena au lieu où était la pierre, lui découvrit le fecret de fa naiffance, lui dit de retirer les objets cachés par fon père fous cette pierre. Théfée la fouleva aifément, &, par le confeil d'Ethra, muni de ces fignes de reconnaiffance, il fe rendit à Athènes.

Ethra lui confeillait de s'embarquer, car le chemin par terre était dangereux, il était infefté par des malfaiteurs. Malgré les inftances de fon aïeul & de fa mère, il refufa de s'en aller par mer, réfolu de repouffer vigoureufement toute violence. Il partit, &, dans fa route, à Epidaure, dans l'Ifthme, à Eleufis, à Mégare, il défit les brigands qui défolaient la contrée, & il arriva à Athènes où Égée le reconnut devant l'affemblée des citoyens qui le reçurent avec joie fur le renom de fa valeur.

Plutarque, *Vie de Théfée.*

Naiffance de Théfée, 1346 avant J.-C.

IPHIGENIE EN AULIDE.

Les Grecs, partant pour leur expédition contre Troie, se rendirent de tous les points de la Grèce à Aulis & y réunirent toute leur flotte. Les vents contraires les retenant dans ce port, Agamemnon & quelques autres chefs consultèrent l'oracle de Diane qu'on révérait à Aulis.

Diane était irritée contre Agamemnon parce qu'il avait tué une biche qui lui était consacrée; pour être apaisée & rendre les vents favorables, elle ordonna qu'on lui fit le sacrifice d'une fille du sang d'Hélène. Sur l'interprétation de l'oracle, on s'apprêtait à sacrifier à la déesse Iphigénie, fille d'Agamemnon & de Clytemnestre, sœur d'Hélène.

Agamemnon résiste, les Grecs menacent; il cède & ordonne qu'Iphigénie soit sacrifiée. La victime est attendue à l'autel par le grand prêtre Calchas & déjà l'autel est paré.

Clytemnestre, accompagnée de sa fille, se présente à Agamemnon; elle s'accable de tous les noms odieux qu'elle exhale dans sa fureur.

Clytemnestre parlant à Agamemnon dans l'*Iphigénie* de Racine, acte IV, scène IV:

> Vous ne démentez point une race funeste,
> Oui, vous êtes le sang d'Atrée & de Thyeste;
> Bourreau de votre fille, il ne vous reste enfin
> Que d'en faire à sa mère un horrible festin.
> Barbare! c'est donc là cet heureux sacrifice
> Que vos soins préparaient avec tant d'artifice!

Quoi ! l'horreur de souscrire à cet ordre inhumain
N'a pas, en le traçant, arrêté votre main !
. . . .
. . . .

Non, je ne l'aurai point amenée au supplice ;
Ou vous ferez aux Grecs un double sacrifice.
Ni crainte ni respect, ne m'en peut détacher :
De mes bras tout sanglants il faudra l'arracher.
Aussi barbare époux qu'impitoyable père,
Venez, si vous l'osez, la ravir à sa mère.

C'est la scène qu'on a essayé de représenter.
Aulis, ville de Béotie, était située sur le rivage de la mer qui sépare l'Eubée de la Béotie. On y voyait, selon Pausanias, un temple de Diane & deux statues en marbre blanc : l'une représentait la déesse tenant des torches, & l'autre tirant de l'arc. Devant ce temple, dit-il, il y a des palmiers.
La ville d'Aulis n'existe plus. On voit la grande anse qui lui servait de port, trop petit sans doute pour contenir les nombreux vaisseaux des Grecs ; mais la flotte pouvait s'étendre dans toute la largeur du détroit, entre Aulis & l'Eubée.
On trouve sur ce lieu une base de colonne, seul reste qui atteste que là une ville & un monument ont existé.

PL. V.

LA DERNIERE JOURNEE DE TROIE.

Dans le palais de Priam étaient cinquante appartements rapprochés entre eux, revêtus d'un marbre éclatant; là repofaient les enfants de Priam près de leurs époufes légitimes. Vis-à-vis, & dans l'intérieur des cours deftinées aux filles du roi, étaient douze autres appartements, de même rapprochés entre eux, & revêtus d'un marbre éclatant, où repofaient les gendres de Priam près de leurs honorables époufes.

On y voyait auffi un temple à Minerve victorieufe.

Iliade, chant VI.

Dans une cour du Palais de Priam il y avait une tour extrêmement haute d'où l'on voyait toute la ville & d'où, pendant le fiége, nous découvrions tout ce qui fe paffait dans le camp & fur les vaiffeaux des Grecs, & un grand autel confacré aux Dieux pénates & ombragé par un vieux laurier.

C'était au pied de cet autel, qu'Hécube & fes filles s'étaient réfugiées. Telles que de timides colombes effrayées d'un violent orage, elles étaient immobiles autour de l'autel qu'elles embraffaient. Priam, voyant la ville livrée aux Grecs, s'arme d'un fer inutile & s'avance vers l'ennemi, réfolu de mourir les armes à la main. Hécube, voyant le vieux roi couvert des armes d'un jeune homme : « Malheureux époux, lui dit-elle, que prétendez-vous ? Hector lui-même, Hector, mon fils, ne pourrait nous garantir du fort qui nous menace. Venez, venez plutôt vous réfugier avec nous dans cet afyle. Cet autel nous fauvera la vie, ou nous la perdrons enfemble. »

Cependant Polite, l'un des enfants de Priam, fuyait dans les falles du Palais, pourfuivi par Pyrrhus, qui l'avait bleffé. Sur le point d'être percé une feconde fois, il tomba près de l'autel & expira aux pieds du Roi & de la Reine.

Priam, près d'expirer lui-même, ne put retenir fa colère : d'une main impuiffante il lance contre Pyrrhus un trait qui à peine toucha fon bouclier & qui tomba à fes pieds. Pyrrhus, fans refpecter l'autel, fe jette fans pitié fur l'infortuné vieillard, dont les pas chancelaient fur le marbre inondé du fang de fon fils; il faifit d'une main fes cheveux blancs & de l'autre il lui plonge fon épée dans le fein.

Enéide, chant II.

De la porte Scée ou du Couchant, par laquelle fortaient les Troyens pour fe rendre dans la plaine où avaient lieu les combats, le fol s'élève graduellement jufqu'au Pergama, ou citadelle dans laquelle étaient le palais de Priam & le temple de Minerve; on voit encore les reftes de trois tombeaux ou *tumuli*. L'un d'eux eft celui d'Hector. Cet endroit de la ville était le plus élevé; il domine à pic les profondeurs où roule le Simoïs; la ville était inacceffible de ce côté.

Prife de Troie, 1270 ans avant J.-C.

PL. VI.

APPARITION D'ACHILLE.

Achille fort du fond de fon tombeau ; il annonce aux Grecs, prêts à quitter les rivages d'Illion, les maux fans nombre que le ciel & la mer leur préparent.

Longin, *Du Sublime*, ch. XIII.

A leur retour dans leur patrie, Ménélas fut jeté par les vents fur les côtes de l'Egypte & il n'arriva à Sparte que la huitième année après fon départ de Troie.

Avant d'arriver à Ithaque, Ulyffe perdit tous fes compagnons, il erra de mer en mer, pendant dix ans, chez différents peuples

Idoménée, prêt à périr dans une tempête, fit vœu à Neptune de lui facrifier le premier de fes fujets qu'il rencontrerait, s'il le fauvait du danger. En abordant en Crète, Idoménée rencontra fon propre fils ; il le facrifia.

Agamemnon trouva la mort dans fon palais. Egifthe, fils de Thiefte, & Clytemneftre, époufe d'Agamemnon, confpirèrent fa mort ; l'un pour s'emparer du trône de Mycènes, où il régna fept ans, l'autre pour venger la mort d'Iphigénie, fa fille, immolée en Aulide par fon propre père.

ENEE EN THRACE.

Après l'incendie du Palais de Priam & la destruction de Troie, Enée abandonna ses rivages, &, s'embarquant avec ses compagnons, il fut chercher d'autres lieux. Enée, parlant à Didon, s'exprime ainsi :

« Vis-à-vis de la Troade est une vaste contrée, consacrée au Dieu Mars & habitée par les Thraces. Ces peuples ayant toujours été nos amis & nos alliés, ce fut chez eux que nous cherchâmes d'abord un asyle. A mon arrivée, j'entreprends de jeter les fondements d'une ville. Cependant, pour me rendre les Dieux favorables, je préparais un sacrifice à Vénus ma mère. Il y avait près de là un tertre couvert de cornouillers & de myrtes, je m'en approchai dans le dessein d'en arracher quelques arbrisseaux pour parer de feuillages l'autel où je devais faire le sacrifice ; mais, ô prodige ! de l'écorce du premier arbrisseau que je déracinai, je vis couler du sang ; surpris & effrayé, j'essaie d'en arracher un autre, le sang coula pareillement de l'écorce de ce second arbrisseau ; alors, j'entendis des gémissements qui me parurent sortir du fond d'un sépulcre ; en même temps une voix lugubre vint frapper mes oreilles : « Enée, pourquoi déchires-tu un malheureux ; respecte mon tombeau & ne fouille point tes mains pures, je suis un prince troyen, & le sang que tu vois couler du tronc de ces arbrisseaux est le mien. »

L'infortuné Priam, se voyant menacé d'une guerre, dont il redoutait les événements, avait secrètement envoyé Polydore, le plus jeune de ses fils, avec beaucoup d'or, à Polymnestor, roi de Thrace. Ce perfide, voyant les malheurs de Troie, assassina Polydore & s'empara de son trésor.

Enéide, chant III.

PL. VIII.

HERMIONE.

Hermione était fille de Ménélas & d'Hélène. Elle avait été promise à Oreste par Tyndare, roi de Sparte & père d'Hélène, & donnée à Pyrrhus par Ménélas.

Après la prise de Troie, Andromaque, veuve d'Hector, échut en partage à Pyrrhus, il la conduisit en Epire & l'épousa au préjudice d'Hermione qui l'aimait. Telle fut la cause de la mort de Pyrrhus.

Selon l'opinion commune, Pyrrhus s'était rendu dans le Temple de Delphes pour apaiser Apollon contre lequel il avait fait des imprécations au sujet de la mort d'Achille, & Oreste, selon Euripide, pour se venger d'un odieux rival, fit croire aux Delphiens que Pyrrhus était venu pour piller leur temple, & les Delphiens le tuèrent.

D'autres auteurs font tuer Pyrrhus par Oreste en Epire. C'est la version qu'a suivie Racine dans sa tragédie d'*Andromaque*.

Dans sa jalouse fureur, Hermione promet à Oreste de l'épouser, s'il venge son injure par la mort de Pyrrhus. Oreste obéit à regret aux ordres d'Hermione; il tue Pyrrhus dans le temple où il avait conduit Andromaque pour célébrer son mariage. Hermione, après avoir, avec imprécation, reproché ce meurtre à Oreste, court au temple & se tue sur le corps de Pyrrhus.

PYLADE A ORESTE.

En rentrant dans ces lieux nous l'avons rencontrée
Qui courait vers le temple, inquiète, égarée.
Elle a trouvé Pyrrhus porté par des soldats
Que son sang excitait à venger son trépas.
Sans doute à cet objet sa rage s'est émue.
Mais du haut de la porte enfin nous l'avons vue,
Un poignard à la main, sur Pyrrhus se courber,
Lever les yeux au ciel, se frapper & tomber.

Andromaque, acte v.

ANDROMAQUE EN EPIRE.

Enée, parlant à Didon, s'exprime ainsi : « Bientôt nous perdîmes de vue les hautes tours des Phéaciens. Ayant rangé les côtes d'Epire, nous relâchâmes dans le port de Chaonie & nous prîmes le chemin de Buthrote. Sur la route nous apprîmes une nouvelle qui nous étonna. On nous dit qu'Helenus, fils de Priam, régnait dans la Grèce, & qu'il était assis sur le trône de Pyrrhus, dont il avait épousé la veuve Andromaque, ainsi mariée pour la seconde fois à un prince troyen. Surpris & impatient d'apprendre d'Helenus même les circonstances d'un si grand évènement, je laissai nos vaisseaux à l'ancre & je m'avançai dans les terres.

« Ce jour-là même, Andromaque offrait des dons funèbres à la cendre d'Hector, son premier époux, près de la ville de Buthrote, dans un bois sacré qu'arrosait un ruisseau auquel elle avait donné le nom de Simoïs. C'est là qu'elle appelait les mânes de son cher Hector, à qui elle avait élevé un tombeau de gazon, au milieu de deux autels, triste objet qui entretenait sa douleur & faisait sans cesse couler ses larmes. Mon arrivée & la vue des armes troyennes lui causèrent un si grand étonnement qu'elle s'évanouit. Ayant enfin recouvré ses esprits, elle me dit : « Est-ce vous, « fils de Vénus, est-ce vous-même ? Vivez-vous encore ? » »

Enéide, chant III.

Pl. X.

ENEE EN LYBIE.

Enée s'avançait suivi seulement du fidèle Acate, & tenant dans sa main deux javelots armés d'un large fer. A peine était-il vers le milieu de la forêt, que Venus, sa mère, s'offrit à ses yeux, vêtue & armée comme une chasseresse. « Etes-vous une mortelle? Vous n'en n'avez ni l'air ni la voix, prenez pitié de nos maux & apprenez-nous dans quelle contrée nous sommes; la fureur des vents & des flots nous a jetés sur cette terre où nous errons sans connaître ni le pays ni les habitants. » Vénus répliqua: « Le pays d'alentour est la Lybie, habitée par une nation féroce & guerrière. Didon a conduit en ces lieux une colonie de Tyriens où elle fonde un nouvel empire. Une ville s'élève. Pour fixer son enceinte, ils ont acheté autant de terre que la peau d'un bœuf, coupée en courroies, peut en contenir. Vous êtes arrivés près des murs de Carthage. Continuez votre route & rendez-vous au palais de la Reine. »
Elle dit, & en se retournant, sa tête parut rayonnante, ses cheveux répandirent dans l'air une odeur céleste, sa robe s'abattit & l'on vit clairement la Déesse.

Enéide, chant I.

LA MORT DE DIDON.

Jupiter envoie Mercure à Enée pour lui annoncer que sa volonté est qu'il quitte Carthage, & qu'il se rende en Italie, où les destins lui assurent qu'il fondera un empire, maître un jour de l'univers.

Enée, obéïssant aux ordres de Jupiter, faisait les préparatifs de son départ. Didon comprit qu'elle était trahie. En vain elle rappelle à Enée son amour, ses serments; en vain elle implore sa pitié : ses prières ni ses larmes ne peuvent le retenir. Les discours d'Enée, ses tendres paroles ne peuvent calmer la douleur de Didon. Amoureux lui-même, il poussait de profonds soupirs : « Je ne cède, lui dit-il, qu'à l'oracle d'Apollon & à la volonté de Jupiter, à l'ombre menaçante enfin de mon père, qui toutes les nuits m'apparait en songe & m'ordonne de partir. » Didon frémit de l'horreur de sa destinée; elle se dérobe aux yeux de son amant & tombe évanouie entre les bras de ses femmes.

Cependant du haut de son palais, la reine vit les tumultueux préparatifs du départ sur le bord de la mer, & dans son désespoir elle appelle la mort.

Il y avait dans son palais une chapelle consacrée aux mânes de Sichée son époux; elle croit entendre, la nuit, sa voix lugubre qui l'appelle du fond de ce triste sanctuaire. Didon, vaincue par la douleur, est résolue de mourir. Elle fait élever dans un lieu découvert, un grand bûcher de bois résineux environné d'autels ornés de branches funèbres. Elle fait mettre sur ce bûcher le lit conjugal, ce lit source de son malheur, l'épée & tout ce qui restait d'Enée. Le visage pâle, les yeux rouges & égarés, les joues tremblantes & livides, elle monte sur ce bûcher, se jette sur le lit & tire du fourreau l'épée de son amant : « Que le cruel, dit-elle, voie du haut de sa poupe, la flamme qui va me « consumer, qu'il en repaisse ses yeux barbares & qu'il emporte avec lui ce funeste préfage. » A ces mots Didon plonge l'épée dans son sein.

Enéide, chant IV.

ARRIVÉE D'ULYSSE DANS ITHAQUE.

Ulysse, jeté par la tempête sur l'île de Schérie, fut accueilli par le roi Alcinoüs qui lui fit de riches présents & lui donna un vaisseau pour se rendre à Ithaque. Les matelots se rangent sur les bancs & détachent le câble de la pierre trouée; ils s'inclinent & frappent la mer de leurs rames; le vaisseau part avec vitesse; derrière lui retentissent au loin les vagues émues de la mer agitée. Dès que l'aurore paraît le navire approche du rivage de l'île.

Les Phéaciens déposèrent sur la plage Ulysse enseveli dans un profond sommeil; ils placent auprès de lui le coffre précieux où sont renfermés les vêtements & les autres richesses dont Alcinoüs lui fit présent; ils déposèrent aussi les trépieds d'or, les urnes & les bassins que lui donnèrent les princes des Phéaciens.

A son réveil, Minerve s'offre à lui : « Je viens, dit-elle à Ulysse, pour concerter un plan avec toi, pour cacher les richesses que les illustres Phéaciens te donnèrent lors de ton départ, & pour te dire tout ce que le destin te réserve de douleur dans ton superbe palais.

« Au sommet du rivage du port de Phorcyne s'élève l'olivier au feuilles allongées; tout près est un antre agréable & profond, retraite sacrée des nymphes, qui sont appelées Naïades. Cachons promptement tes richesses dans le fond de cet antre. »

Minerve pénètre dans la grotte profonde & s'empresse d'y chercher un réduit caché. Près d'elle, Ulysse portant toutes les richesses, l'or, l'airain solide & les superbes vêtements que lui donnèrent les Phéaciens, les dépose soigneusement; puis, la fille de Jupiter place une pierre devant l'entrée.

Odyssée, chant XIII.

Le site indiqué est la vue des lieux où s'est passée la scène; on peut remarquer l'entrée étroite de la grotte que montre Minerve. Le vaste intérieur de cette grotte offre aux regards des stalactites qui descendent de la voûte jusque sur le sol, & des réduits mystérieux où Ulysse a pu cacher ses trésors; au bas de la colline est le port de Phorcyne; à son extrémité s'élève le mont Aïto, autour duquel la ville était bâtie en amphithéâtre. Au sommet de ce mont était le palais d'Ulysse, dont les murs d'enceinte cyclopéens existent encore.

HESIODE.

Le père d'Héfiode demeurait à Cyme, ville d'Eolide en Afie, où, ayant mal fait fes affaires & le voyant contraint de quitter le lieu de fa naiffance, il paffa dans la Grèce & s'arrêta en un petit bourg de Béotie nommé Afcra, où naquit notre poète, contemporain d'Homère, au neuvième fiècle avant J.-C.

Anacharfis, fuivi de fon ami Philotas, vifitant la Béotie, s'exprime ainfi :

« Nous étions fur l'Hélicon, un fentier étroit nous conduifit au bois facré des Mufes. Nous nous arrêtâmes auprès de la ftatue de Linus, l'un des plus anciens poètes de la Grèce ; elle eft placée dans une grotte comme dans un petit temple. Bientôt nous pénétrâmes dans de belles allées, nous nous crûmes tranfportés à la cour brillante des Mufes. Leurs ftatues s'offrent aux yeux des fpectateurs, Mélété, Mnémé, Aulé, c'eft-à-dire la méditation, la mémoire, le chant. Ici, Apollon & Mercure fe difputent une lyre ; là, refpirent encore des Poëtes, des Muficiens célèbres, Thamyris, Arion, Héfiode, Orphée.

« De toutes parts s'élèvent des trépieds de bronze, noble récompenfe des talents couronnés dans les combats de poéfie & de mufique. Ce font les vainqueurs qui les ont confacrés eux-mêmes. On y diftingue celui qu'Héfiode avait remporté à Chalcis, en Eubée, & qu'il confacra aux Mufes de l'Hélicon.

« Entre des bords fleuris coulent le Permeffe & la fontaine Hippocrène dont les eaux, comme celles de la fontaine Caftalie, donnent des infpirations poétiques. »

Anacharfis, ch. XXXIV.

LA MORT D'UNE LESBIENNE.

Les Lesbiens étaient adonnés au culte de la poésie & de la musique; ils y avaient fait de si grands progrès que les Grecs disaient qu'aux funérailles des Lesbiens, les Muses en deuil faisaient retentir les airs de leurs gémissements.

Anacharsis, ch. III.

C'est à Lesbos qu'abordèrent la tête & la lyre d'Orphée, jetés dans l'Hèbre, fleuve de Thrace, par les Bacchantes. Pendant le trajet la voix d'Orphée faisait entendre des sons touchants & soutenus par ceux de la lyre, dont le vent agitait doucement les cordes.

Lesbos donna le jour à Terpandre, qui ajouta trois cordes à la lyre ; à Arion, sauvé par un dauphin attiré par les accords de sa lyre auprès du vaisseau qui le portait ; à Phrynis qui, le premier, fit entendre à Athènes les sons de la lyre ; au poète Lesches ; à Alcée ; à Erinne & à Sapho, dont le nom n'est obscurci par aucune autre renommée.

CALLIMAQUE ET LE TOMBEAU D'UNE JEUNE FILLE DE CORINTHE.

Vitruve rapporte qu'une jeune fille de Corinthe étant morte, fa mère pofa fur fon tombeau un panier renfermant quelques petits vafes que cette jeune fille avait aimés & le recouvrit d'une tuile. Ce panier ayant été placé par hafard fur les racines d'une plante d'acanthe, fes feuilles, en s'élevant le long des côtés du panier, rencontrèrent les bords de la tuile qui forcèrent les feuilles de fe recourber.

Le fculpteur Callimaque, paffant auprès de ce tombeau, frappé de l'afpect gracieux de ces objets réunis, en compofa le chapiteau qu'on appela Corinthien.

Vitruve, liv. 4.

Cette vue eft prife dans l'ifthme de Corinthe, on voit au delà du golfe, la ville de Corinthe & le temple de Minerve-Chalinitis adoffés à l'Acrocorinthe.

La mère s'éloigne après avoir dépofé quelques fleurs fur le tombeau de fa fille.

Callimaque, né à Corinthe, 540 ans avant J.-C.

PL. XVI.

THEMISTOCLE CHEZ ADMETE.

Les Athéniens, envieux de la gloire de Thémistocle, prêtaient volontiers l'oreille aux calomnies que l'on débitait contre lui, ils le bannirent d'Athènes.

Thémistocle, se voyant poursuivi par les Athéniens & les Lacédémoniens, prit le parti, aussi incertain que périlleux, de se réfugier en Epire, chez Admète, roi des Molosses.

Admète avait autrefois demandé un service aux Athéniens, & Thémistocle, qui jouissait alors du plus grand crédit dans la république, l'avait fait honteusement éconduire, & l'on ne doutait pas qu'Admète ne se vengeât, s'il en trouvait l'occasion.

Thémistocle se présente devant lui comme un suppliant, mais d'une façon particulière au pays : il prend entre ses bras le fils du roi, encore enfant, & il va se jeter à ses genoux devant le foyer. C'est la supplication que les Molosses regardent comme la plus sacrée & la seule qu'il ne soit pas permis de rejeter. Ce fut Phthia, femme du roi, qui suggéra à Thémistocle ce qu'il y avait à faire & qui le plaça elle-même devant le foyer avec son fils entre les bras.

Plutarque, *Vie de Thémistocle*.

Thémistocle, né à Phréas dans l'Attique, en 515 avant J.-C., se donne la mort à Magnésie, par le poison, à l'âge de 65 ans.

LA MORT D'ALCIBIADE.

Lysandre, général des Lacédémoniens, ayant pris Athènes & établi dans cette ville trente archontes ou tyrans, Alcibiade n'osa plus y rester, il se retira dans un bourg de Phrygie, ayant avec lui la courtisane Timandra qui fut, dit-on, la mère de Laïs qu'on appelait la Corinthienne, mais qui avait été amenée d'Hiccara, petite ville de Sicile. Critias, l'un des trente tyrans, remontra à Lysandre que les Lacédémoniens ne feraient jamais assurés de l'empire de la Grèce tant qu'Alcibiade serait vivant. Ce discours fit peu d'impression sur Lysandre ; mais il lui vint de Sparte un ordre de se défaire d'Alcibiade, soit qu'on y redoutât son habileté, soit qu'on voulût seulement faire plaisir à Agis, roi de Lacédémone, dont Alcibiade avait séduit la femme. Lysandre fit passer cet ordre à Pharnabase, gouverneur de Phrygie, pour le faire exécuter. Ceux qu'on avait envoyés pour tuer Alcibiade n'osèrent pas entrer dans la maison, ils l'environnèrent & ils y mirent le feu. Alcibiade s'en aperçoit, il ramasse tout ce qu'il peut de hardes & de tapisseries & il les jette sur le feu ; puis, s'entourant le bras gauche de son manteau, il s'élance, l'épée à la main, à travers les flammes. A sa vue, tous les barbares s'écartèrent, aucun d'eux n'osa en venir aux mains avec lui, mais ils l'accablèrent de loin sous les flèches & les traits, & ils le laissèrent mort sur la place.

Timandra enleva son corps, l'enveloppa de ses propres vêtements, l'ensevelit & lui fit des funérailles dignes de lui.

Plutarque, *Vie d'Alcibiade.*

Alcibiade, né à Athènes 450 ans avant J.-C., mort 404 ans avant J.-C.

DAMON ET PHINTIAS.

Dans une des îles de la mer Egée, au milieu de quelques peupliers antiques, on avait élevé un autel à l'Amitié. Deux Syracusains, Damon & Phintias, vinrent se prosterner devant la Déesse : « Je reçois votre hommage, leur dit-elle ; allez montrer au tyran de Syracuse, à l'univers, à la postérité, ce que peut l'amitié dans des âmes que j'ai revêtues de ma puissance. »

A leur retour à Syracuse, Denys, sur une simple dénonciation, condamna Phintias à la mort. Celui-ci demanda qu'il lui fût permis d'aller régler des affaires importantes qui l'appelaient dans une ville voisine ; il promit de se présenter au jour marqué & partit après que Damon eut garanti cette promesse au péril de sa propre vie.

Cependant, les affaires de Phintias traînent en longueur. Le jour destiné à son trépas arrive. Damon marche tranquillement à la mort. Déjà le moment fatal approchait, lorsque mille cris tumultueux annoncèrent l'arrivée de Phintias. Il court, il vole au lieu du supplice, il voit le glaive suspendu sur la tête de son ami ; &, au milieu des embrassements & des pleurs, ils se disputent le bonheur de mourir l'un pour l'autre. Le Roi se précipite alors du trône & leur demande instamment de partager une si belle amitié.

Anacharsis, ch. LXXVIII.

Damon & Phintias vivaient sous Denys le Jeune, 400 ans avant J.-C.

LE LION DE CHÉRONÉE.

En arrivant à la ville de Chéronée, on trouve le Polyandrium où furent enterrés les Thébains qui périrent en combattant contre Philippe. Il n'y a pas d'inscription fur ce monument, mais il eſt furmonté d'un lion, ce qui a principalement rapport au courage de ces derniers. On n'y a pas mis d'inſcription, je penſe, parce que la fortune ne feconda pas leur valeur.

Pauſanias, liv. IX, ch. XL.

Par cette bataille, Philippe acheva la conquête de la Grèce. Alexandre, ſon fils, à peine ſorti de l'enfance, y commanda l'une des deux pointes de l'armée. Elle ſe donna le 3 août de l'année 338 avant J.-C.

Ce lion eſt en marbre, ſes débris renverſés exiſtent encore. La hauteur de la tête eſt de 1 mètre 10 centimètres. Il eſt aiſé de reconnaître qu'il était aſſis & que ſa longueur était d'environ 3 mètres 50 centimètres. La hauteur de la plus grande des deux figures peut ſervir d'échelle & donner une idée juſte de la grandeur de ce coloſſe.

On me pardonnera d'y avoir tracé une inſcription, il y en avait une aux Thermopyles à la mémoire des Spartiates qui avaient péri en combattant contre les Perſes.

L'horizon de ce tableau préſente, à droite, le théâtre, taillé dans le roc, adoſſé à l'acropole de Chéronée. Du même côté, au lointain, eſt le commencement de la chaîne du Parnaſſe.

DIOGENE ET ARISTIPPE.

Le philosopheAriſtippe, né à Cyrène, vint à Athènes, attiré par la réputation de Socrate dont il fut diſciple. Son naturel s'accommodait aux lieux, au temps & au genre des perſonnes. Il prenait avec les uns & les autres des manières qui convenaient à leur humeur. Il ſavait ſe gouverner comme il faut en toute occaſion, prenant le plaiſir quand il ſe préſentait, & ſachant s'en paſſer. Auſſi plaiſait-il à Denys, c'eſt pourquoi Diogène l'appelait le chien royal; & Platon lui reprochait de vivre ſplendidement.

Diogène, dont la philoſophie différait en tout de celle d'Ariſtippe, lavait un jour des herbes; voyant paſſer Ariſtippe, il lui dit : « Si tu avais appris à préparer ta nourriture, tu ne fréquenterais pas la cour des tyrans; & toi, lui répliqua Ariſtippe, ſi tu ſavais converſer avec des tyrans, tu n'aurais pas beſoin de laver tes légumes. »

Plutarque, *Vie d'Ariſtippe.*

Ariſtippe floriſſait vers 390 ans avant J.-C.

PELOPIDAS ET EPAMINONDAS.

Pélopidas, fils d'Hippoclus, était d'une famille noble de Thèbes comme Epaminondas. Ils étaient nés l'un & l'autre avec des dispositions égales pour tous les genres de mérite, seulement Pélopidas préférait les exercices du corps & Epaminondas ceux de l'esprit; mais ce qu'il y a en eux de plus grand, c'est l'amitié qu'ils conservèrent l'un pour l'autre jusqu'à la mort, au milieu de tant de combats, de commandements militaires & de magistratures politiques qui remplirent leur existence.

Dans l'expédition de Mantinée où ils firent partie d'un corps auxiliaire que Thèbes envoyait aux Lacédémoniens, ils étaient près l'un de l'autre dans les rangs de l'infanterie opposée aux Arcadiens.

Il arriva que l'aile des Lacédémoniens dans laquelle ils se trouvaient recula, & presque tous prirent la fuite; pour eux, ils joignirent ensemble leurs boucliers & ils soutinrent le choc de l'ennemi. Pélopidas reçut sept blessures & il tomba. Epaminondas le crut mort; il s'élança & se tint là, debout, couvrant le corps & les armes de son ami, luttant seul contre une foule & résolu de mourir plutôt que d'abandonner Pélopidas, gisant dans la poussière. Déjà lui-même avait reçu un coup de lance dans la poitrine & un coup d'épée dans le bras, & sa position était des plus critiques, lorsque arriva de l'autre aile Agesipolis, roi des Spartiates, qui les sauva tous les deux contre toute espérance.

Plutarque, *Vie de Pélopidas.*

Pélopidas, né à Thèbes, mort aux collines de Cynocéphales, en Thessalie, 364 ans avant J.-C., en combattant contre Alexandre, tyran de Phères.

PL. XXII.

TIMOLÉON.

Les Corinthiens, dans la crainte de subir une seconde fois, par la faute des alliés, le malheur de perdre leur ville, s'étaient décidés à prendre à leur solde quatre cents soldats étrangers, & ils en avaient donné le commandement à Timophane, frère de Timoléon. Timophane, au mépris de l'honneur & de la justice, s'occupa bien vite des moyens de se rendre maître absolu dans la ville.

Il fit périr, sans forme de procès, un grand nombre des principaux citoyens, & il se proclama de son propre chef tyran de Corinthe. Timoléon, au désespoir & qui regardait la scélératesse de son frère comme un malheur personnel, le pressa, par ses remontrances & ses prières, de renoncer à cette insensée & pernicieuse ambition, & de travailler à réparer son tort envers les citoyens. Mais Timophane le repoussa fort loin & d'une façon méprisante. Alors Timoléon se concerte avec un des parents de Timophane, Eschylus, frère de sa femme, & un de ses amis, le devin Satyrus.

Quelques jours passés, il va avec eux trouver son frère. Tous trois insistent vivement, & le conjurent de prendre enfin un parti sage & de se déporter de la tyrannie. Timophane ne fit d'abord que rire de leurs représentations; puis il finit par se laisser aller à la colère & aux outrages. Alors, Timoléon s'éloigne à quelques pas de lui, se couvre le visage & se tient debout, fondant en larmes. Les deux autres tirent leurs épées, se jettent sur Timophane & le tuent.

Plutarque, *Vie de Timoléon*.

Timoléon, général corinthien, né en 410 avant J.-C., mort en 337 avant J.-C. — Le meurtre de Timophane eut lieu en 365.

ALEXANDRE, TYRAN DE PHERES.

Alexandre régnait à Phères, ville de Thessalie. Le trône où il était assis fumait encore du sang de ses prédécesseurs. On avait vu ce prince cruel entrer à la tête de scélérats dans les villes alliées, rassembler les citoyens dans la place publique, les égorger & livrer leurs maisons au pillage. Il exerçait sa fureur contre ses propres sujets : les uns étaient enterrés tout en vie, d'autres, revêtus de peaux d'ours ou de sanglier, étaient poursuivis & déchirés par des dogues. Les habitants vivaient dans l'épouvante; mais lui-même était agité par des craintes dont il agitait les autres. Il passait les nuits, au haut de son palais, dans un appartement où l'on montait par une échelle & dont les avenues étaient défendues par un dogue qui n'épargnait que le roi, la reine & l'esclave chargé du soin de le nourrir. Il s'y retirait le soir, précédé par ce même esclave qui tenait une épée nue & qui faisait une visite exacte de l'appartement.

Thébé, fille de Jason & épouse d'Alexandre, se mit à la tête d'une conjuration contre la vie du tyran, soit par haine contre la tyrannie, soit pour venger ses injures personnelles.

Ayant fait son plan, elle avertit les trois frères, Tisiphonus, Pytholaüs & Lycophron, que son époux avait résolu leur perte, &, dès cet instant, ils résolurent la sienne.

La veille de l'exécution, elle les tint cachés dans le palais; le soir, Alexandre monte dans son appartement, se jette sur son lit & s'endort. Thébé descend aussitôt, écarte l'esclave & le dogue, revient avec les conjurés & se saisit de l'épée suspendue au chevet du lit. Dans ce moment, leur courage parut chanceler; Thébé les ayant menacés d'éveiller le roi s'ils hésitaient encore, ils se jetèrent sur lui & le percèrent de plusieurs coups.

Anacharsis, ch. XXXV.

Mort d'Alexandre, tyran de Phères, 357 avant J.-C.

CIMON ET CALLIRHOE.

Efchine raconte à Anacharfis le fait fuivant :

« J'étais dans la Troade avec le jeune Cimon ; j'étudiais l'*Iliade* fur les lieux mêmes : Cimon étudiait toute autre chofe. On devait marier un certain nombre de jeunes filles. Callirhoé, la plus belle de toutes, alla fe baigner dans le Scamandre. Sa nourrice fe tenait fur le rivage à une certaine diftance. Callirhoé fut à peine dans le fleuve, qu'elle dit à haute voix : Scamandre, recevez l'hommage que nous vous devons. Je le reçois, répondit un jeune homme qui fe leva du milieu de quelques arbriffeaux. J'étais avec tout le peuple dans un grand éloignement, je ne pus diftinguer les traits de fon vifage ; d'ailleurs fa tête était couverte de rofeaux.

« Quatre jours après, les nouvelles mariées parurent avec tous leurs ornements dans une proceffion qu'on faifait en l'honneur de Vénus. Pendant qu'elles défilaient, Callirhoé, apercevant Cimon à mes côtés, tombe tout à coup à fes genoux & s'écrie avec une joie naïve : « O ma nourrice ! voilà le Dieu Scamandre, mon premier époux. » La nourrice jette les hauts cris. L'impofture eft découverte. Cimon difparait ; je fuis de près. Je vois le peuple s'avancer avec des charbons ardents ; nous n'eûmes que le temps de nous fauver & de nous embarquer au plus vite. »

Anacharfis, ch. LXI.

L'orateur Efchine était né dans un bourg de l'Attique, l'an 389 avant J.-C.

ENTREVUE D'ALEXANDRE ET DE DIOGENE.

Les Grecs étaient assemblés dans l'isthme de Corinthe, & ils avaient arrêté qu'ils se joindraient à Alexandre pour faire la guerre aux Perses. Alexandre fut nommé chef de l'expédition, il reçut la visite d'une foule d'hommes d'Etat & de philosophes. Il comptait que Diogène qui vivait à Corinthe en ferait autant, & comme il vit que Diogène ne s'inquiétait nullement de lui, & se tenait tranquillement dans le Cranium, il alla le voir. Diogène était couché au soleil, & lorsqu'il vit Alexandre venir à lui, il se souleva un peu & il fixa sur lui son regard. Alexandre le salua & lui demanda s'il désirait quelque chose. « Oui, répondit Diogène, détourne-toi un peu de mon soleil. » Le mépris que lui témoignait Diogène lui inspira une haute idée de sa grandeur d'âme, & comme ses officiers, en s'en retournant, se moquaient de Diogène, « Pour moi, dit-il, si je n'étais Alexandre, je voudrais être Diogène. »

Plutarque, *Vie d'Alexandre.*

Alexandre naquit à Pella, en Macédoine, 356 ans avant J.-C. ; il mourut à Babylone à l'âge de 32 ans & 8 mois. Diogène était né à Sinope, 414 ans avant J.-C. ; il mourut à Corinthe, en 324 avant J.-C.

On voyait à Corinthe le tombeau de Laïs, il est, dit Pausanias, surmonté d'une lionne tenant un bélier entre ses pieds de devant, emblème expressif de l'opinion des Corinthiens sur cette célèbre courtisane.
Laïs était née à Hycare, en Sicile; elle fut prise encore enfant par Nicias & par les Athéniens & fut vendue à Corinthe.
Sa beauté surpassa bientôt celle de toutes les courtisanes de son temps.
Les Corinthiens poussèrent l'admiration pour elle à un tel point qu'ils prétendaient qu'elle était née à Corinthe.

ALEXANDRE ET LE MEDECIN PHILIPPE.

Alexandre était en Cilicie, il y était retenu par une maladie que les uns attribuaient à les fatigues & d'autres à un bain trop froid qu'il avait pris dans le Cydnus. Les médecins, persuadés que le mal était au-dessus de tous les remèdes, n'osaient lui administrer les secours nécessaires, craignant, s'ils ne réussissaient pas, d'encourir le ressentiment des Macédoniens. Seul Philippe l'Acarnanien surmonta cette crainte. Voyant le roi dans un danger extrême, & se confiant en l'amitié que lui portait Alexandre, il lui proposa une médecine, & il lui persuada de la prendre avec confiance.

Sur ces entrefaites, Alexandre reçut une lettre que Parménion lui écrivait du camp, pour l'avertir de se tenir en garde contre Philippe. Philippe, à l'entendre, séduit par les riches présents de Darius & par la promesse d'épouser sa fille, s'était engagé à le faire périr. Le roi lit la lettre, & sans la montrer à aucun de ses amis, il la met sous son chevet. Quand il en fut temps, Philippe, accompagné des autres médecins, entra dans sa tente avec le remède qu'il portait dans une coupe. Alexandre lui donna la lettre de Parménion, & prenant la coupe, il avala la médecine tout d'un trait, sans laisser paraître le moindre soupçon. Aussi était-ce un admirable spectacle de voir ces deux hommes, l'un lisant, l'autre buvant, puis se regardant l'un l'autre; Alexandre avec un visage riant & satisfait témoignant à son médecin la confiance qu'il avait en lui, & Philippe s'indignant contre la calomnie, prenant les Dieux à témoin de son innocence. Le remède, en se rendant le plus fort, commença par abattre les forces de Philippe lui eurent bientôt fait reprendre ses forces & il se montra aux Macédoniens dont l'inquiétude ne cessa que lorsqu'ils l'eurent vu.

Plutarque, *Vie d'Alexandre.*

DENYS LE JEUNE ET PLATON.

Héraclide, un des premiers citoyens de Syracuse, fortement soupçonné d'être l'auteur du soulèvement des gardes indignés de ce que le roi voulait diminuer la solde des vétérans, prit la fuite & employa le crédit de ses parents pour effacer les impressions qu'on avait données au roi contre lui. Théodote, oncle d'Héraclide, avait, en présence de Platon, obtenu du roi que son neveu pût se présenter sans risques soit à Syracuse, soit aux environs.

« Le lendemain matin, dit Platon, Théodote & Eurybius entrèrent chez moi, la douleur & la consternation peintes sur leurs visages. Platon, me dit le premier, vous fûtes hier, témoin de la promesse du roi. On vient de nous apprendre que des soldats, répandus de tous côtés, cherchent Héraclide; ils ont ordre de le saisir. Il est peut-être de retour, venez avec nous au palais. Je les suivis. Quand nous fûmes en présence du roi, ils restèrent immobiles & fondirent en pleurs. Je lui dis, ils craignent que, malgré l'engagement que vous prîtes hier, Héraclide ne coure des risques à Syracuse, car on présume qu'il est revenu. Denys, bouillonnant de colère, changea de couleur. Eurybius & Théodote se jetèrent à ses pieds, &, pendant qu'ils arrosaient les mains de leurs larmes, je dis à Théodote : rassurez-vous, le roi n'osera jamais manquer à la parole qu'il nous a donnée. — Je ne vous en ai point donné, me répondit-il, avec des yeux étincelants de fureur. — Et moi, j'atteste les Dieux, repris-je, que vous avez donné celle dont ils réclament l'exécution. Je lui tournai ensuite le dos & me retirai. Théodote n'eut d'autres ressources que d'avertir secrètement Héraclide, qui n'échappa qu'avec peine aux poursuites des soldats. »

Anacharsis, ch. XXXIII.

Platon descendait, par son père, de Codrus, dernier roi d'Athènes, & de Solon, par sa mère. Vers l'an 361 avant J.-C. il faisait, pour la troisième fois, le voyage de la Sicile. C'est vers ce temps qu'eut lieu la scène que nous avons retracée. Platon, devenu l'objet de la haine de Denys, vit fes jours en danger; il ne dut fon falut qu'à l'intervention d'Archytas, philofophe de Tarente, avec lequel il avait lié amitié.

Platon était né dans l'île d'Egine, 429 ans avant J.-C.; il eſt mort en 348 avant J.-C.

LA MORT DE DEMOSTHENES.

Lorfque Démosthènes & ceux de fon parti apprirent qu'Antipater & Crater marchaient fur Athènes, ils fe hâtèrent de fortir de la ville. Antipater envoya pour le prendre Archias qui, informé que Démosthènes avait trouvé un afyle dans le temple de Neptune à Calaurie, paffa dans l'île fur de petits bateaux ; il débarqua avec une troupe de foldats thraces & voulut perfuader à Démosthènes de fortir du temple & de venir avec lui trouver Antipater. Démosthènes arrêtant fes yeux fur Archias, affis comme il était, « Archias, dit-il, je n'ai jamais cru à tes paroles. » Archias s'emporte & commence à menacer. Démosthènes alors, prenant fes tablettes comme pour écrire, porta le rofeau à la bouche & il le mordit. « Tu peux maintenant, lui dit-il, jouer le rôle de Créon & faire jeter ce corps fans fépulture. » « O Neptune, ajouta-t-il, je fors encore vivant de ton temple, mais Antipater & les Macédoniens n'ont pas laiffé ton fanctuaire même pur de la profanation. » Comme il difait ces mots, il fe fentit trembler & chanceler ; il demanda qu'on le foutînt pour marcher, & au moment où il paffait devant l'autel du Dieu il tomba & rendit l'âme en pouffant un foupir.

Plutarque, *Vie de Démofthènes*.

Le tombeau de Démosthènes, fuivant le témoignage de Paufanias, était dans l'enceinte du temple de Neptune.

Démofthènes, né à Péanée, près d'Athènes, 385 ans avant J.-C. ; mort du poifon dans l'île de Calaurie, 322 ans avant J.-C.

PHRYNE DEVANT LE TRIBUNAL DES HELIASTES.

Eſchine raconte qu'aux fêtes d'Eleuſis la jeune & charmante Phryné s'étant dépouillée de ſes habits & laiſſant tomber ſes beaux cheveux ſur ſes épaules, entra dans la mer & ſe joua longtemps au milieu des flots. Un nombre infini de ſpectateurs couvrait le rivage, quand elle ſortit, ils s'écrièrent tous : C'eſt Vénus qui ſort des eaux. Nos lois indulgentes fermaient les yeux ſur ſes fréquentes infidélités & ſur la licence de ſes mœurs, mais on la ſoupçonna d'avoir, à l'exemple d'Alcibiade, profané les myſtères d'Eleuſis. Elle fut déférée au tribunal des Héliaſtes ; elle y comparut & à meſure que les juges entraient, elle arroſait leurs mains de ſes larmes. Euthias qui la pourſuivait, conclut à la mort. Hypéride parla pour elle. Ce célèbre orateur, qui l'avait aimée, qui l'aimait encore, s'apercevant que ſon éloquence ne faiſait aucune impreſſion, s'abandonna tout à coup au ſentiment qui l'animait. Il fait approcher Phryné, enlève le voile qui couvrait ſon ſein, & repréſente fortement que ce ſerait une impiété de condamner à mort la prêtreſſe de Vénus. Elle fut acquittée.

Anacharſis, ch. LXI.

Phryné était née à Theſpies, ville de Béotie ; elle vivait vers 328 avant J.-C. Elle fut amie de Praxitèle & lui ſervit de modèle pour ſa ſtatue de Vénus.

Le tribunal des Héliaſtes était le premier des tribunaux après l'Aréopage. Les membres de ce tribunal s'appelaient ainſi parce qu'ils ſe réuniſſaient dans un lieu découvert.

LA MORT D'ARCHIMÈDE.

Archimède était d'une famille illustre de Syracuse; il était ami & parent du roi Hiéron. Le Consul Marcellus assiégeait cette ville & s'épuisait en efforts inutiles. Il avait à combattre contre les machines de guerre qu'Archimède inventait chaque jour. Tantôt, c'étaient des poutres qui apparaissaient tout à coup du haut des murailles, qui s'abaissaient sur les vaisseaux & les coulaient à fond ; tantôt, c'étaient des mains de fer qui les enlevaient & les plongeaient dans les flots ou qui les brisaient en les laissant retomber contre les écueils & les pointes des rochers qui bordaient le pied des murs. Ne cesserons-nous donc point, disait Marcellus, de guerroyer contre ce géomètre Briarée, qui surpasse ces géants mythologiques aux cent bras, en lançant contre nous tant de traits à la fois ?

Marcellus ayant enfin, après un long siége, surpris Syracuse, ordonna, en entrant dans la ville, qu'on épargnât Archimède, qui, tout occupé à réfléchir sur une figure de géométrie, ne s'apercevait ni du bruit des Romains qui couraient par la ville ni de la prise de Syracuse. Tout à coup un soldat se présente & lui ordonne de le suivre devant Marcellus. Archimède le pria d'attendre un moment jusqu'à ce qu'il eût fini l'opération mathématique dont il s'occupait; le soldat, ne comprenant rien à ce qu'il lui disait, le perça de son épée. Marcellus en fut vivement affligé; il repoussa, comme sacrilége, le meurtrier d'Archimède; il fit rechercher & traita honorablement les parents de la victime.

Plutarque, *Vie de Marcellus.*

Naissance d'Archimède, 287 ans avant J.-C.; sa mort, 212 ans avant J.-C.

SUJETS ROMAINS.

NUMA POMPILIUS ET LA NYMPHE EGERIE.

Numa, né à Cures, ville du pays fabin, fuccéda à Romulus dans le gouvernement de Rome ; il était dans la quarantième année de fon âge lorfque les députés de Rome vinrent le prier d'accepter la royauté de leur ville ; Numa repouffa par de puiffantes raifons l'offre qui lui était faite, mais les Romains & les Sabins, réunis en un feul peuple, apportèrent des raifons plus puiffantes encore & le déterminèrent à accepter la couronne.
Le premier foin de Numa fut d'adoucir les mœurs des Romains & de leur donner des loix.
Pour les rendre plus inviolables, il fit intervenir la divinité, en feignant d'avoir des entretiens fecrets avec la nymphe Egérie, qu'il allait confulter dans fa grotte profonde, fituée auprès de Rome, dans le bois d'Aricie.

Numa, né en 753 avant J.-C. ; mort, en 671, à l'âge de 82 ans.

UNE VESTALE.

Les Vestales étaient des vierges consacrées au culte de Vesta, leur emploi était de garder le feu perpétuel. Elles avaient été instituées par Numa, qui leur accorda de grands priviléges, mais le viol de leur vœu de virginité était puni de mort. Tarquin l'Ancien les condamna à être enterrées vivantes.

Près de la porte Colline, à Rome, il y a un tertre d'une assez longue étendue, on y a construit un petit caveau où l'on descend par une ouverture pratiquée à la surface du terrain.

La vestale condamnée à ce supplice est apportée dans une litière parfaitement close. Le grand Pontife, avant l'exécution, fait certaines prières secrètes ; il tire de la litière la patiente couverte d'un voile, & la place sur l'échelle par où l'on descend dans ce caveau, où l'on a mis un lit, une lampe allumée, du pain, de l'eau, un pot de lait & un peu d'huile.

Lorsqu'elle est arrivée au bas, on remonte l'échelle & l'on recouvre le caveau en y amoncelant de la terre jusqu'à ce qu'elle soit de niveau avec le reste du champ.

Plutarque, *Vie de Numa.*

LES FALISQUES.

Furius Camillus, qui exerça cinq fois la dictature dans Rome, assiégeait Falerie, ville d'Etrurie, entourée de hautes murailles, & le siège traînait en longueur.

Les citoyens, confiants dans la force de leurs remparts, vaquaient à leurs affaires & envoyaient leurs fils chez l'instituteur public comme dans un temps de paix.

Celui-ci forma l'odieux projet de livrer les Falisques en livrant leurs fils aux Romains. Les ayant donc un jour conduits hors de la ville, dans le but annoncé de quelques exercices, s'étant approché des sentinelles romaines, il remit les enfants entre leurs mains & demanda qu'on le présentât à Camille. On l'y conduisit, & quand il fut en sa présence, « Je suis, dit-il, le maître d'école de Falerie; j'ai préféré à mon devoir le plaisir de t'obliger, & je suis venu te livrer mes élèves, c'est te rendre le maître de la ville. »

Camille fut révolté de cette noire perfidie; il commanda aux licteurs de déchirer les vêtements de cet homme, de lui lier les mains derrière le dos, & de donner des verges & des courroies aux enfants afin de châtier le traître en le ramenant dans la ville.

A ce spectacle, tous les citoyens, pénétrés d'une vive admiration pour Camille, se livrèrent, eux & leurs biens, à sa discrétion.

Plutarque, *Vie de Camille*.

Prise de Falerie, 394 ans avant J.-C. — Naissance de Camille, 446 ans avant J.-C.; sa mort, l'an 365.

PAPIRIUS.

Brennus, à la tête des Gaulois, parut devant Rome ; les Romains prirent le parti désespéré d'abandonner la ville, mais les prêtres & les vieillards qui avaient été consus ne purent se résoudre à la quitter ; ils se revêtirent de leurs habits sacrés, &, se vouant en sacrifice à leur patrie, ils attendirent dans le Forum, sur leurs siéges d'ivoire, le sort que les Dieux leur réservaient.

Brennus, maître de Rome, fit environner le Capitole par un corps de troupes, & il descendit vers le Forum. Là il fut saisi d'admiration, à la vue de ces vieillards assis dans un profond silence & qui restèrent immobiles à l'approche des ennemis, sans donner le moindre signe de crainte, se regardant les uns les autres, tranquillement appuyés sur leurs bâtons. Ce spectacle extraordinaire frappa tellement les Gaulois, qu'ils n'osèrent, pendant longtemps, ni les approcher ni les toucher, les prenant pour des êtres divins. Enfin l'un d'eux se hasarda d'approcher de Manius Papirius, lui passa doucement la main sous le menton & lui prit la barbe, qui était fort longue. Papirius, offensé, frappe le Gaulois d'un coup de bâton à la tête & le blesse ; le barbare tire son épée & tue Papirius.

Alors les Gaulois se jettent sur les autres vieillards & les massacrent tous ; puis ils font main-basse sur tout ce qui s'offrait à eux ; ils ruinèrent la ville & *égorgèrent* hommes, femmes, vieillards & enfants.

Enfin Camille, ayant réuni un corps de troupes, se présenta aux portes de Rome & la délivra des Gaulois.

Plutarque, *Vie de Camille.*

Prise de Rome par les Gaulois, 387 ans avant J.-C.

PERSEE, DERNIER ROI DE MACEDOINE.

Persée avait déclaré la guerre aux Romains. Le consul Paul-Emile fut envoyé contre lui. Persée, ayant été défait à Pydna, ville de Macédoine, s'enfuit à Samothrace, ile voisine de ses états, emportant avec lui ses trésors, & se réfugia dans le temple des Dioscures. Le vainqueur le suivit à Samothrace, il ne voulut point, par respect pour les Dieux, violer l'asyle de Persée, mais il s'occupa de lui ôter les moyens de s'embarquer & de prendre la fuite.

Mais Persée gagna secrètement un Crétois nommé Oroandès, qui avait un petit vaisseau, & qui consentit à le recevoir à son bord lui & ses richesses. Il embarqua, à la faveur de l'obscurité, tout ce que Persée avait de précieux, & lui dit de se rendre, vers le milieu de la nuit, avec ses enfants, au port qu'il lui désigna. Persée, ainsi que ses enfants & sa femme, ayant enduré de cruelles tortures à descendre par une petite fenêtre le long du mur de la ville, apprit que, dès le soir, Oroandès avait mis à la voile & qu'il cinglait en pleine mer. Le jour commençait à poindre, tout effort était perdu; il se mit donc à fuir vers la muraille le long de laquelle il était descendu; il avait gagné son refuge avant que les Romains, qui l'avaient aperçu, pussent l'atteindre. Pour ses enfants, il les avait remis à Ion, l'un de ses favoris, mais Ion trahit alors Persée en livrant ses fils à ses ennemis. Persée se vit réduit à se rendre lui-même à la discrétion de ceux qui tenaient ses enfants entre leurs mains.

Persée demanda à être conduit à Paul-Emile, & celui-ci, s'attendant à trouver en Persée un homme d'un grand cœur, était sorti de sa tente & s'avançait à sa rencontre accompagné de ses amis. Mais Persée donna un humiliant spectacle; il se prosterna le visage contre terre, embrassa les genoux de Paul-Emile, & proféra des paroles si déshonorantes, que Paul-Emile ne put ni les souffrir ni les entendre, & jeta sur le roi un regard de tristesse & d'indignation.

Néanmoins Paul-Emile releva Persée, le prit par la main & le remit à Tuberon ; puis, emmenant dans sa tente les fils & les gendres de Persée, il les entretint de l'inconstance de la fortune qui avait précipité dans le malheur les successeurs de cet Alexandre, dont la puissance s'était élevée à un si haut degré.

De retour à Rome, Paul-Emile reçut les honneurs du triomphe, où parurent en captifs Persée & ses fils.

Plutarque, *Vie de Paul-Emile*.

Défaite de Persée, 168 ans avant J.-C. — Naissance de Paul-Emile, 227 ans avant J.-C. ; sa mort, en 158.

LA MORT DE POMPEE.

Pompée, vaincu par César à la mémorable bataille de Pharsale, fit voile pour l'Egypte, espérant y trouver un refuge auprès de Ptolémée Auletès qu'il avait rétabli sur son trône.

Arrivé près d'Alexandrie, Pompée fit jeter l'ancre, attendant l'accueil de Ptolémée.

Ce roi venait d'en délibérer avec ses conseillers, Photin, Theodotus & Achillas, & de conclure à la mort de Pompée, dans l'espoir de se rendre César favorable.

Achillas & deux Romains, Septimius & Salvius, se rendent auprès de Pompée & l'invitent à passer dans leur barque, alléguant les sables de la côte qui ne permettaient pas à un plus grand vaisseau d'approcher.

Pompée embrasse Cornélie, son épouse, qui était en proie aux plus vives inquiétudes, descend dans l'esquif & s'éloigne.

Près d'aborder, Pompée se lève. Dans cet instant, Septimius lui porte un premier coup par derrière, Achillas & Salvius, tirant leurs épées, se jettent sur lui. Pompée alors se couvre le visage avec sa toge, garde le silence & se livre à leurs coups.

Cornélie, à cet affreux spectacle, pousse de longs cris, puis tombe évanouie entre les mains de ses femmes, & les matelots, se hâtant de lever l'ancre, prennent la fuite.

César ne tarda guère à arriver en Egypte; on lui présenta la tête de Pompée dont il se détourna avec horreur. Il fit mettre à mort Achillas & Photin; Theodotus se déroba par la fuite à sa vengeance, mais il trouva la mort en Asie. Brutus, l'ayant découvert, le fit expirer dans les tourments les plus cruels.

Philippe, affranchi de Pompée, rendit à son maître les devoirs funèbres, & ses cendres, qu'il recueillit dans une urne, furent portées à Cornélie, qui les déposa dans un tombeau.

Plutarque, *Vie de Pompée.*

Pompée mourut, l'an 48 avant J.-C., à l'âge de 53 ans.

HOMMAGE A TIBULLE

Aulus Albius Tibullus, de l'une des plus illustres familles de Rome, naquit l'an 44 avant J.-C.
Il suivit d'abord Messala, son protecteur, dans la guerre de Corcyre, mais les fatigues des camps n'étaient pas compatibles avec la délicatesse de son organisation, il quitta le métier des armes & retourna à Rome, où il se livra à la poésie. Ses élégies respirent la sensibilité & la douce mélancolie ; elles sont remarquables par l'élégance & la pureté du style & par la délicatesse avec laquelle le sentiment y est exprimé : c'est le livre des cœurs tendres.
Tibulle fut l'ami d'Ovide & d'Horace & le favori d'Auguste.
Sa mort arriva 17 ans avant J.-C., peu de temps après celle de Virgile.

APPARITION A MARCUS BRUTUS.

Après le meurtre de Céſar, Brutus & Caſſius étaient paſſés à Sardes. Comme ils ſe diſpoſaient à quitter l'Aſie avec toute l'armée, Brutus eut un ſigne extraordinaire : par une nuit fort obſcure, il était dans ſa tente éclairée par une faible lumière ; un ſilence profond régnait dans tout le camp, & lui-même était plongé dans ſes réflexions. Il lui ſembla voir entrer quelqu'un dans ſa tente ; il tourne les yeux vers la porte & il voit un ſpectre horrible, dont la figure était étrange & effrayante, qui s'approche de lui & ſe tient là en ſilence. Brutus eut le courage de lui adreſſer la parole : « Qui es-tu, lui demanda-t-il, un Dieu ou un homme, & qui t'amène ici ? » Le fantôme lui répondit : « Je ſuis ton mauvais génie, Brutus, & tu me verras près de la ville de Philippes. » Brutus, ſans ſe troubler, lui répondit : « Hé bien, je t'y verrai donc. » Le fantôme auſſitôt diſparut.

La nuit qui précéda la bataille de Philippes, que perdit Brutus, le même fantôme qui lui était déjà une fois apparu ſe préſenta derechef à lui, avec les mêmes forme & figure & diſparut ſans lui dire mot.

Après la perte de la bataille, gagnée par Antoine & Octave, Brutus ſe perça de ſon épée.

Plutarque, *Vie de Marcus Brutus.*

M. Brutus, né à Rome, 79 ans avant J.-C., mort devant Philippes, 42 ans avant J.-C.

CLÉOPATRE AU TOMBEAU D'ANTOINE.

Après la bataille d'Actium, qui donna l'empire du monde à Octave, Marc-Antoine, vaincu, s'enfuit en Égypte, accompagné de la reine Cléopâtre, son épouse, dont il était devenu éperdûment amoureux lors de sa première descente en Égypte.

Octave poursuivit Antoine & arriva presque en même temps à Alexandrie, dont il s'empara.

Cléopâtre, ne voulant pas tomber entre ses mains, s'enferma dans un tombeau d'une grande magnificence qu'elle avait fait construire près du temple d'Isis, & fit dire à Antoine qu'elle était morte. Antoine, en apprenant cette nouvelle, à laquelle il ajouta foi, se perça de son épée. Cléopâtre le fit porter dans le tombeau où elle était; elle n'ouvrit point la porte, mais elle parut à une fenêtre, &, de là, au moyen de cordes, & avec l'aide de deux de ses femmes, Iras & Charmium, elle tira à elle Antoine qui respirait encore. Après une courte entrevue, Antoine l'ayant exhortée à prendre des mesures pour son salut, rendit le dernier soupir, & Cléopâtre, en pleurant, l'ensevelit de ses propres mains.

Cléopâtre, apprenant qu'Octave était décidé à l'emmener captive à Rome avec ses enfants, lui demanda la permission d'aller faire des libations aux mânes de son époux; elle se fit porter à sa sépulture, & là, en présence de ses deux fidèles suivantes, se jetant sur son tombeau, " Cher Antoine, s'écria-t-elle, naguère encore libre, je t'ai déposé dans ce dernier asyle, & maintenant captive & réservée pour une pompe infamante, je verse ces libations sur tes tristes restes. N'attends plus de Cléopâtre d'autres honneurs funèbres, ce sont les derniers qu'elle t'offrira. "

Après avoir ainsi exhalé ses plaintes, elle couronna le tombeau de fleurs & le baisa, puis s'étant mise dans un bain, elle présenta son bras nu à la morsure d'un aspic & expira.

Ses deux femmes, ne voulant pas survivre à leur maîtresse, avaient avalé du poison; déjà appesanties par les approches de la mort & pouvant à peine se soutenir, elles arrangeaient encore le diadème autour de sa tête.

Octave fit dépofer Cléopâtre auprès d'Antoine, avec une magnificence digne de fon rang, & fit faire auffi des obfèques honorables à Iras & Charmium.

Cléopâtre mourut à 39 ans & Antoine à 53 ; elle avait régné 22 ans fur l'Egypte, dont 14 conjointement avec Antoine.

Plutarque, *Vie d'Antoine*.

Mort d'Antoine & de Cléopâtre, 30 ans avant J.-C.

LE CONSUL LUCIUS MUNATIUS PLANCUS FONDE LA VILLE DE LUGDUNUM.

Les Allobroges, peuple qui habitait la contrée située entre le lac Léman, le Rhône, l'Isère & les Alpes, avaient pour capitale la ville de Vienne.

Les Romains ayant conquis l'Allobrogie, Vienne fut bientôt peuplée d'un grand nombre de Latins qui, à la faveur de la protection romaine, pesaient de tout leur poids sur les anciens habitants.

Les Latins occupaient toutes les grandes fonctions; ils ruinaient les pères de famille & les réduisaient à la servitude, ainsi que leurs enfants, lorsqu'ils ne pouvaient payer les énormes charges dont ils étaient accablés. Le mécontentement, devenu général dans toute l'Allobrogie, détermina ses habitants à se soulever; ils cernèrent la ville de Vienne, & d'accord avec les Allobroges de l'intérieur, ils en chassèrent les Latins. Ceux-ci, étant expulsés, remontèrent la rive droite du Rhône jusqu'à son confluent avec l'Arar (la Saône).

Dans ce temps, Munatius Plancus, qui fut deux fois consul, commandait dans les Gaules huit légions campées sur le territoire des Ségusiens, dont faisait partie celui de Lugdunum. Le Sénat de Rome lui ordonna d'employer ses légions à bâtir entre le Rhône & la Saône une ville pour servir de refuge aux Latins chassés de Vienne.

Tel fut le commencement de Lugdunum, aujourd'hui Lyon, qui devint illustre par-dessus les plus grandes cités gauloises. Cette ville reçut le titre de Colonie romaine, ses citoyens pouvaient aspirer aux charges de la république & même avoir part aux priviléges des citoyens romains.

Munatius Plancus, né à Tibur, fondateur de Lugdunum, 43 ans avant J.-C.

TABLE

SUJETS GRECS.

	PLANCHES.
Amphion	I
Enlèvement de Médée	II
Ethra découvre à Théſée le ſecret de ſa naiſſance	III
Iphigénie en Aulide	IV
La dernière journée de Troie	V
Apparition d'Achille	VI
Enée en Thrace	VII
Hermione	VIII
Andromaque en Epire	IX
Enée en Lybie	X
La mort de Didon	XI
Arrivée d'Ulyſſe dans Ithaque	XII
Héſiode	XIII
La mort d'une Lesbienne	XIV
Callimaque & le tombeau d'une jeune fille de Corinthe	XV

	PLANCHES
Thémiſtocle chez Admète	XVI
La mort d'Alcibiade	XVII
Damon & Phintias	XVIII
Le Lion de Chéronée	XIX
Diogène & Ariſtippe	XX
Pélopidas & Epaminondas	XXI
Timoléon	XXII
Alexandre, tyran de Phères	XXIII
Cimon & Callirhoé	XXIV
Entrevue d'Alexandre & de Diogène	XXV
Alexandre & le médecin Philippe	XXVI
Denys le Jeune & Platon	XXVII
La mort de Démoſthènes	XXVIII
Phryné devant le tribunal des Héliaſtes	XXIX
La mort d'Archimède	XXX

SUJETS ROMAINS.

Numa Pompilius & la Nymphe Egerie	XXXI
Une Veſtale	XXXII
Les Faliſques	XXXIII

	PLANCHES.
Papirius.	XXXIV
Persée, dernier roi de Macédoine	XXXV
La mort de Pompée	XXXVI
Hommage à Tibulle	XXXVII
Apparition à Marcus Brutus	XXXVIII
Cléopâtre au tombeau d'Antoine	XXXIX
Le conful Lucius Munatius Plancus fonde la ville de Lugdunum	XL

Total des planches, 40.

NOTA. — On a réuni dans cet ouvrage les sujets grecs, puis les sujets romains. Chacune de ces deux séries est rangée chronologiquement, à la date exacte des faits qui sont représentés, ou suivant l'ordre naturel des temps, lorsque les dates ne pouvaient être précisées.

FIN.

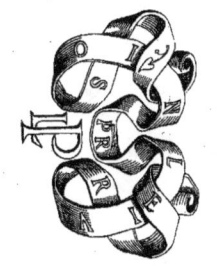

COMPOSITIONS HISTORIQUES
ESQVISSES

PAR A·M·CHENAVARD ARCH·

LYON
IMPRIMERIE DE LOVIS PERRIN
MDCCCLXII

COMPOSITIONS HISTORIQVES
ESQVISSES

PAR A· M· CHENAVARD ARCH·

CHEVALIER DE L'ORDRE DV SAUVEVR
DE GRECE

ANCIEN PROFESSEVR
A L'ECOLE DES B-ARTS
DE LYON

MEMBRE CORRES·
DE L'INSTITVT IMP·
DE FRANCE

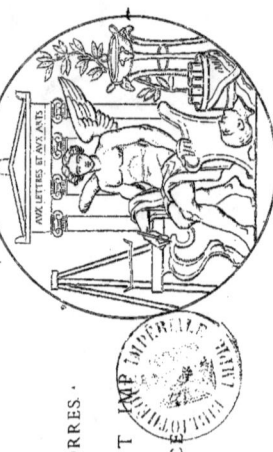

LYON
IMPRIMERIE DE LOVIS PERRIN
MDCCCLXII

A· M· CHENAVARD · INV·

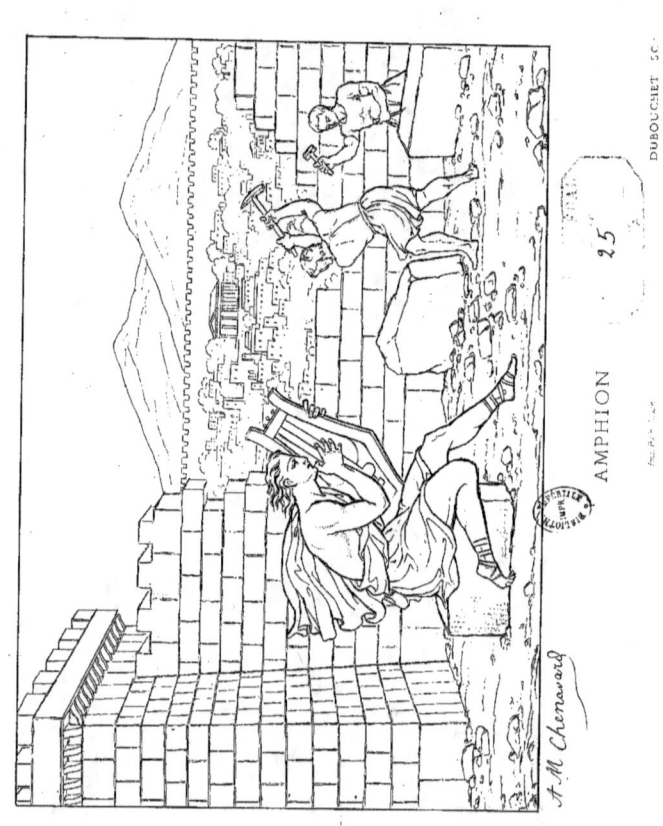

AMPHION

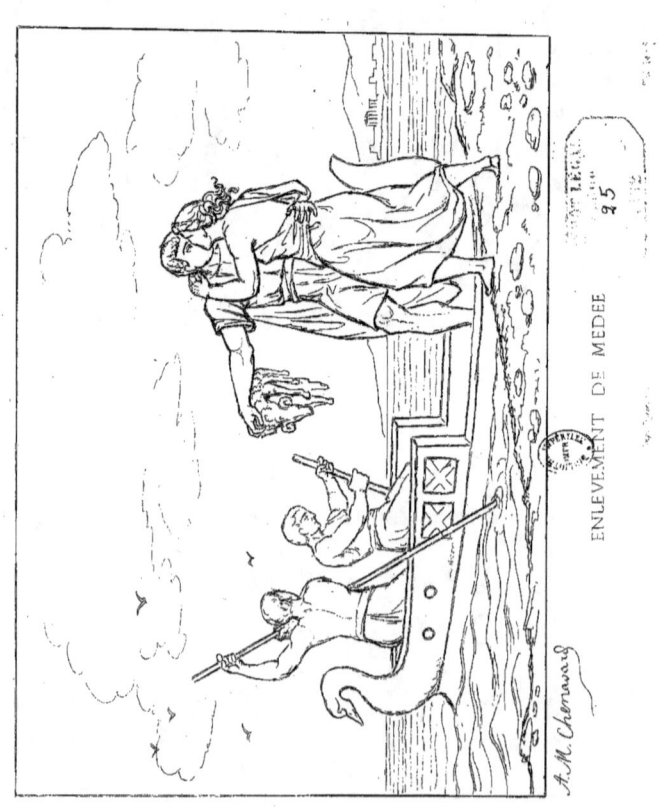
ENLÈVEMENT DE MÉDÉE

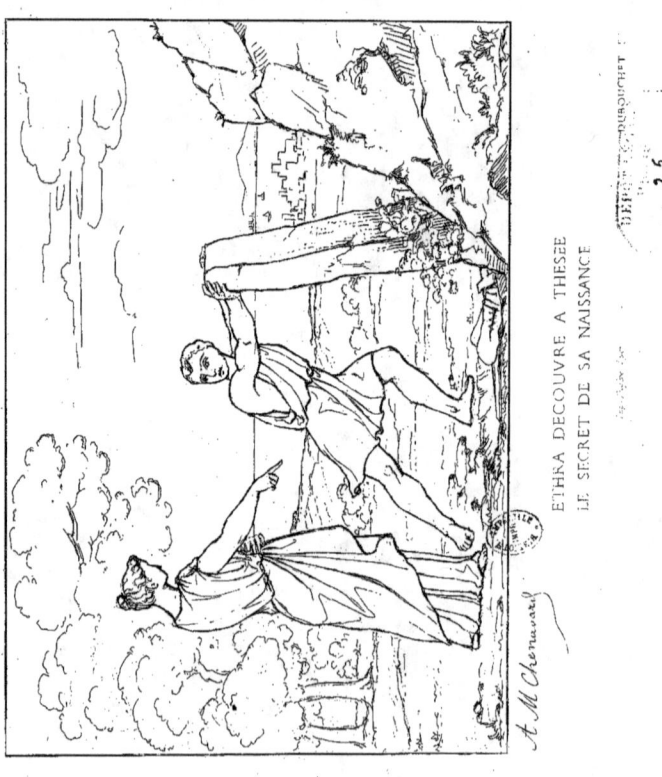

ETHRA DECOUVRE A THESEE
LE SECRET DE SA NAISSANCE

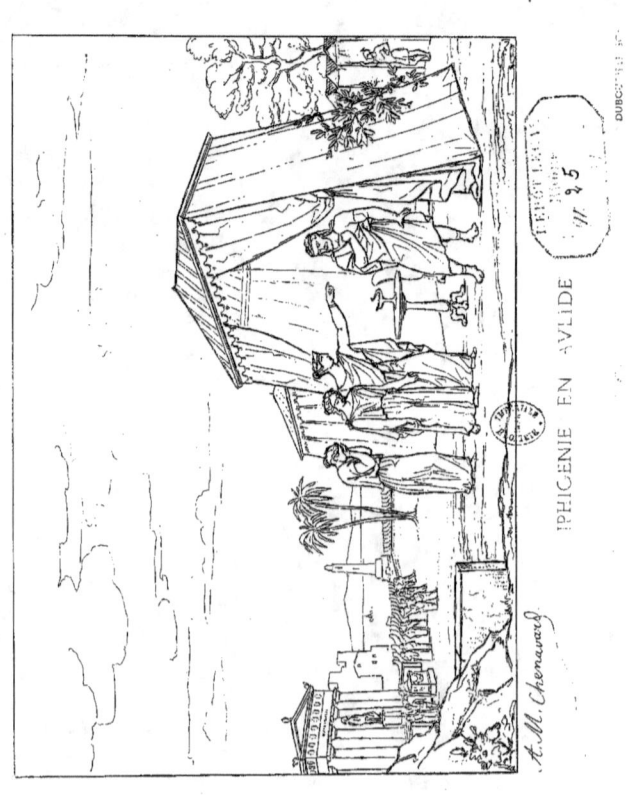

IPHIGÉNIE EN AULIDE

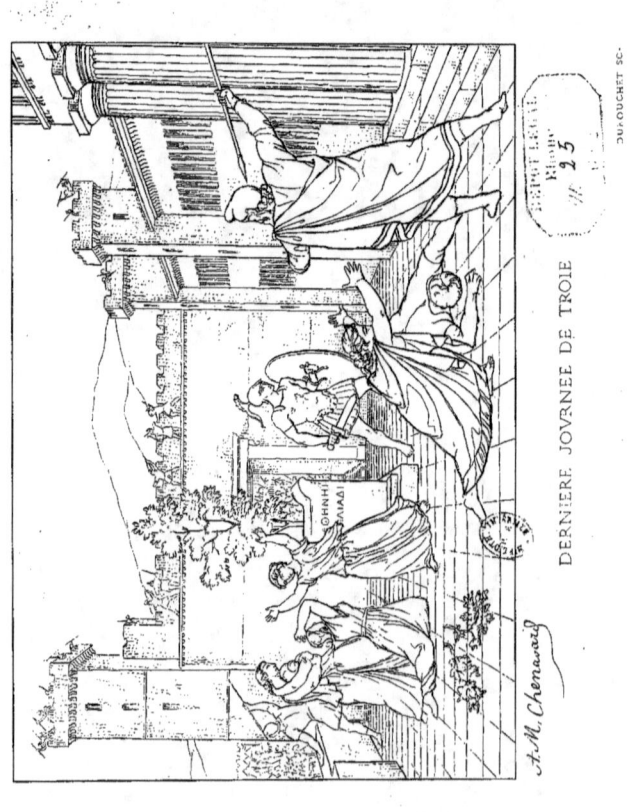

DERNIERE JOURNEE DE TROIE

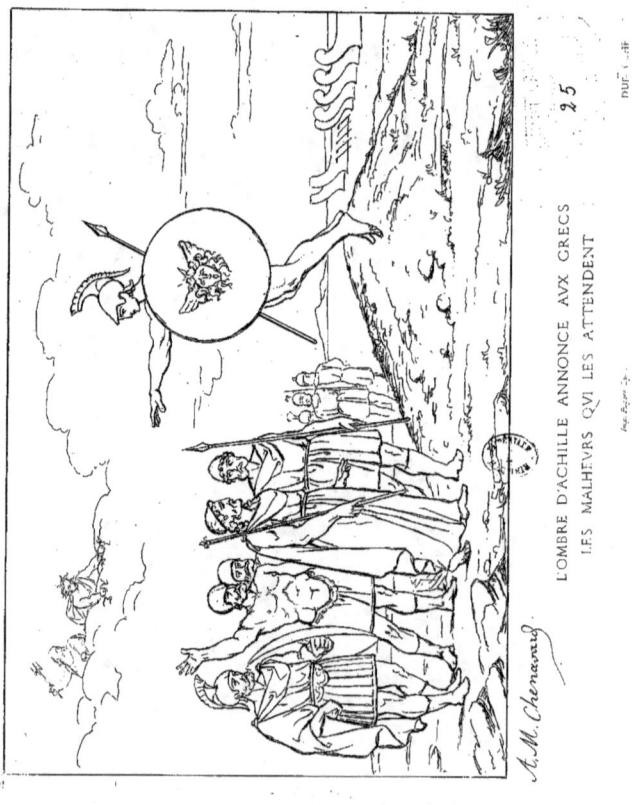

L'OMBRE D'ACHILLE ANNONCE AUX GRECS LES MALHEURS QUI LES ATTENDENT

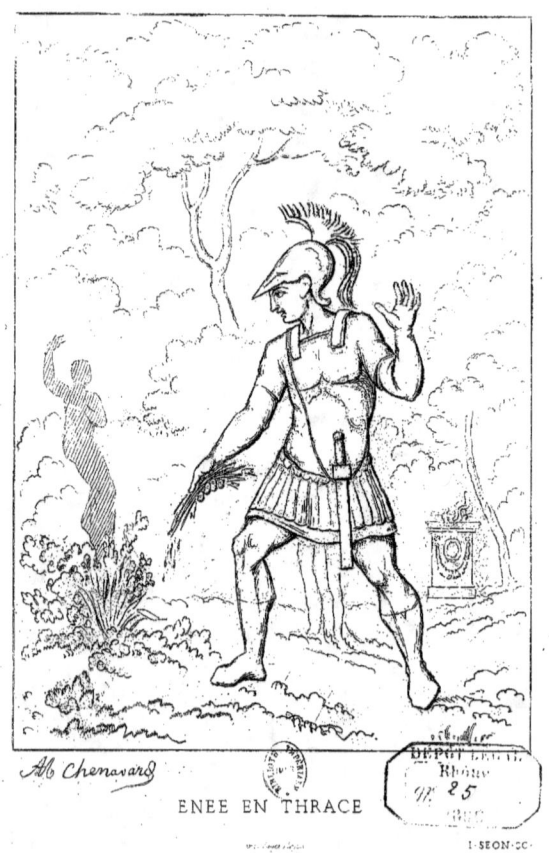

ENEE EN THRACE

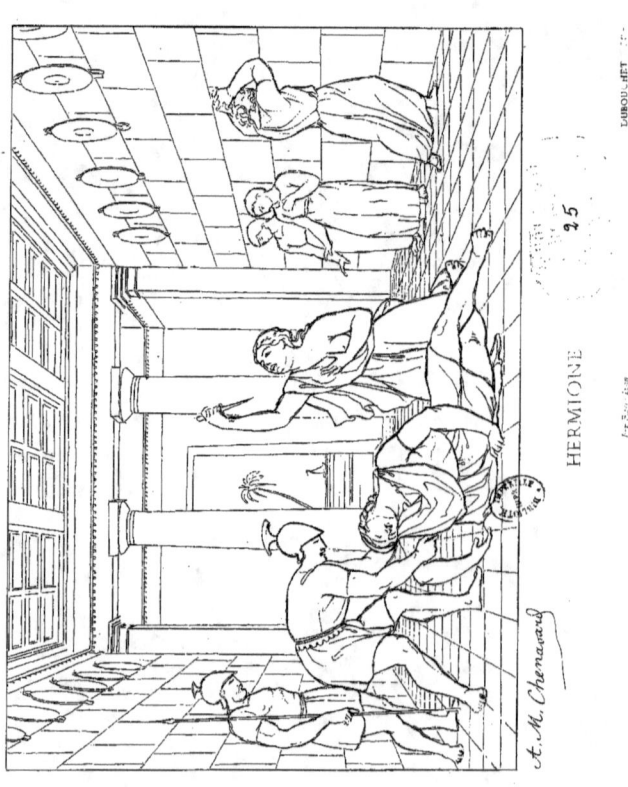

VIII

HERMIONE

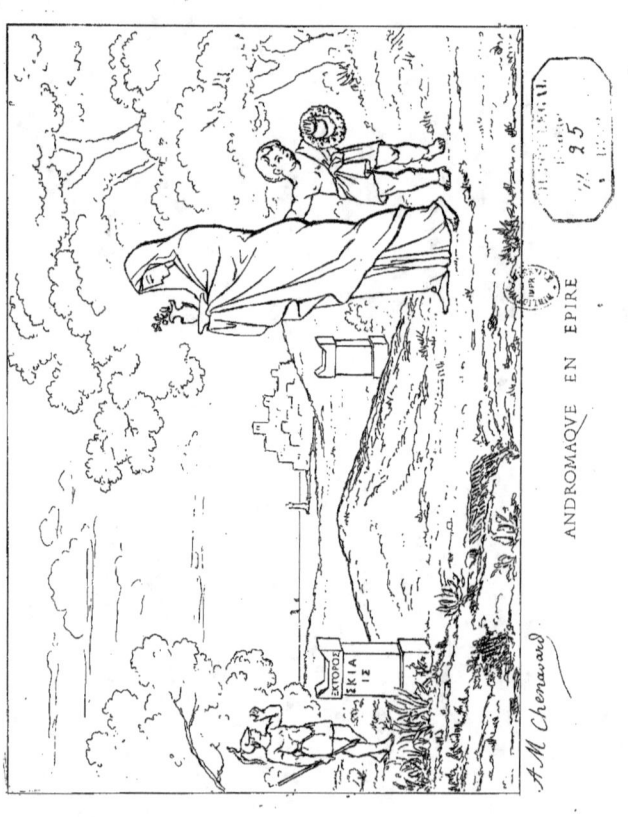

ANDROMAQVE EN EPIRE

X

ÉNÉE ET DIDON

25

XI

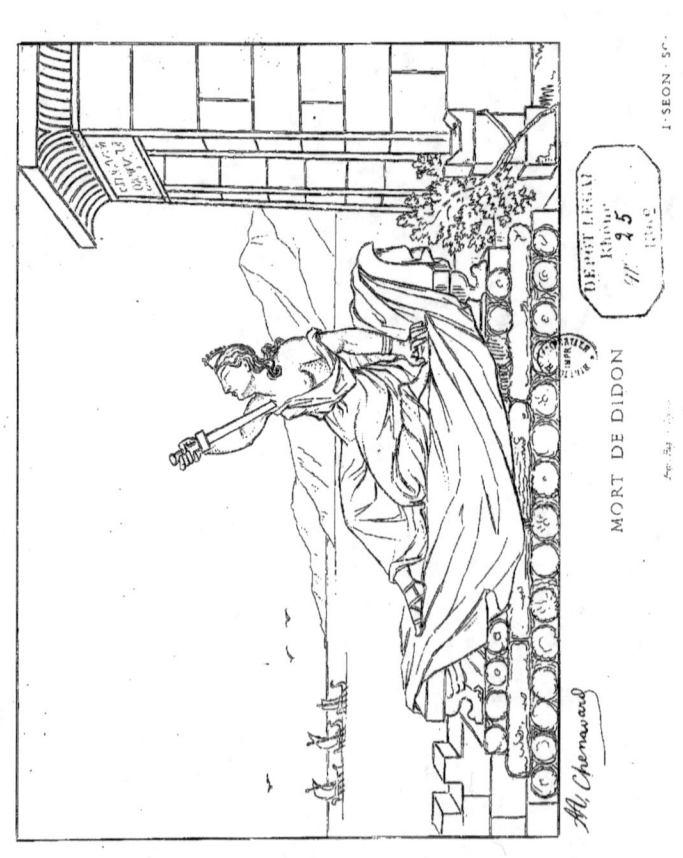

MORT DE DIDON

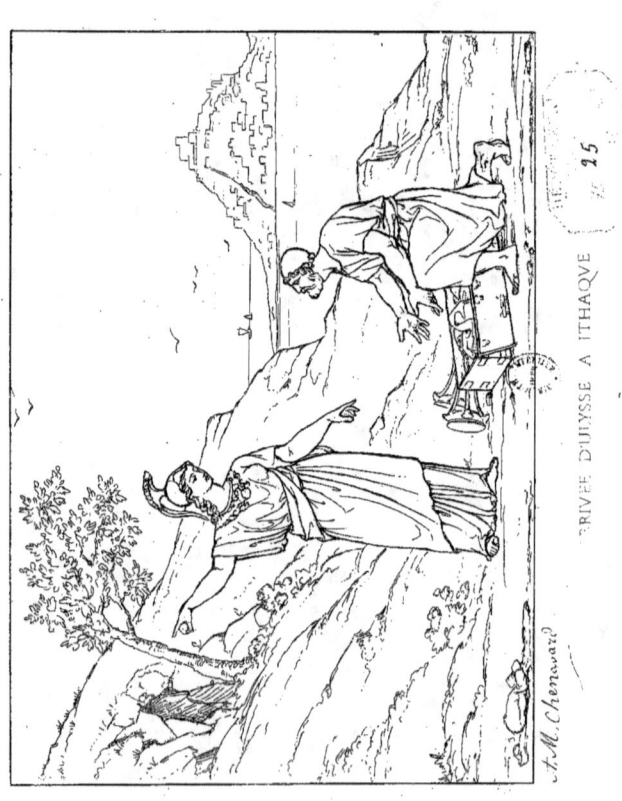

ARRIVÉE D'ULYSSE A ITHAQUE

XIII

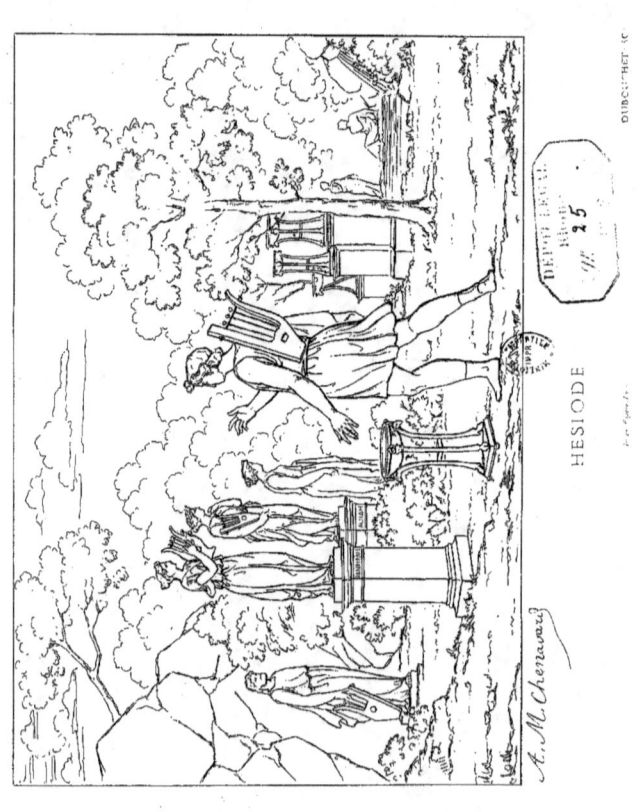

HESIODE

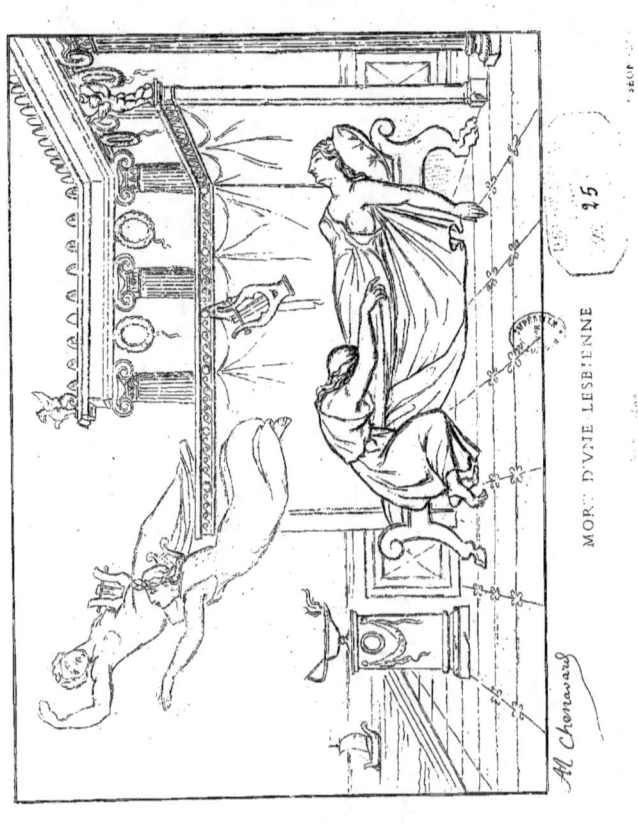

MORT D'UNE LESBIENNE

XV

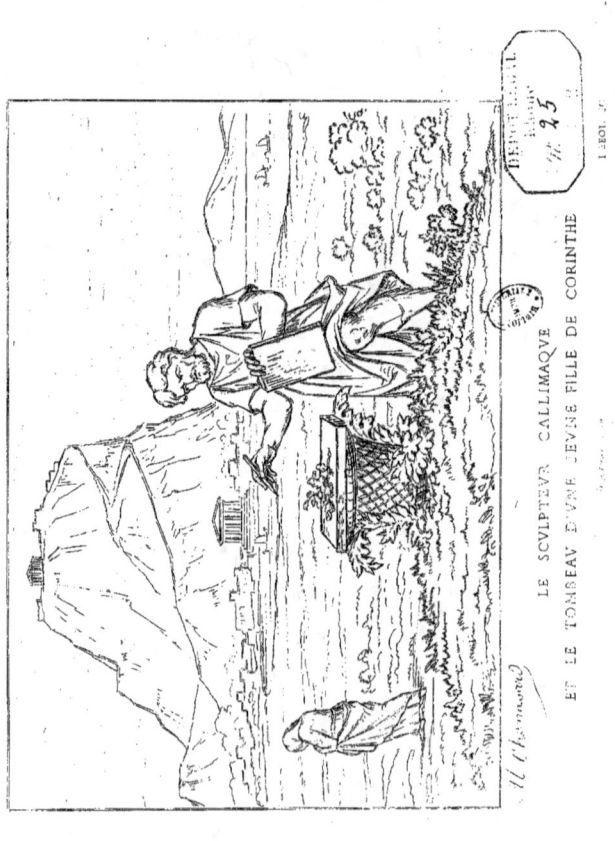

LE SCVLPTEVR CALLIMAQVE
ET LE TOMBEAV D'VNE JEVNE FILLE DE CORINTHE

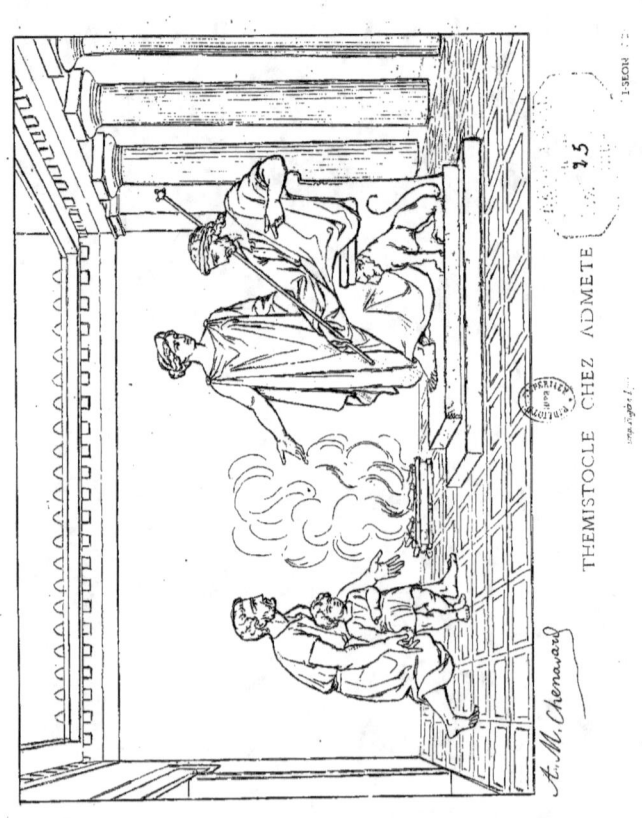

THEMISTOCLE CHEZ ADMETE

XVII

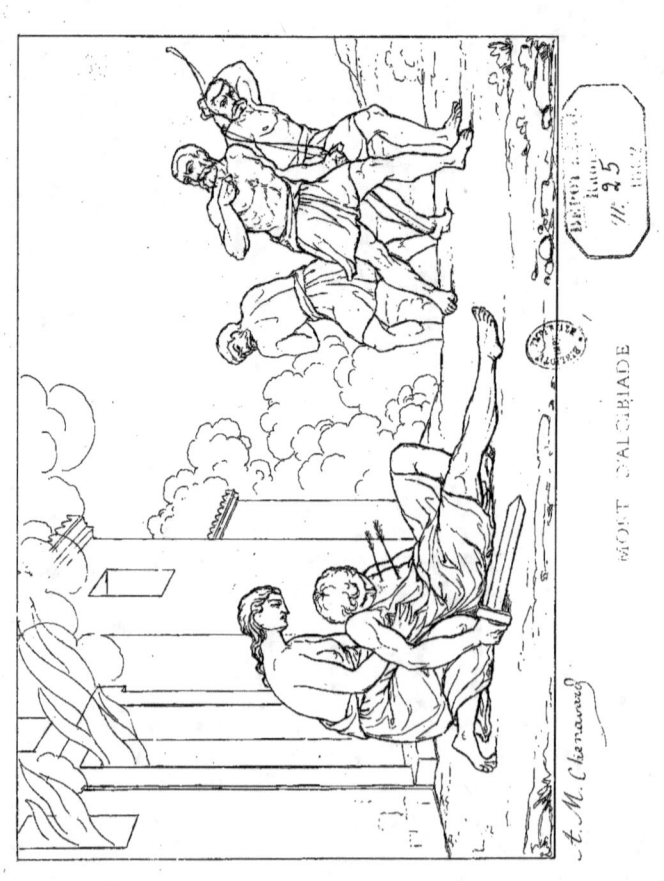

MORT D'ALCIBIADE

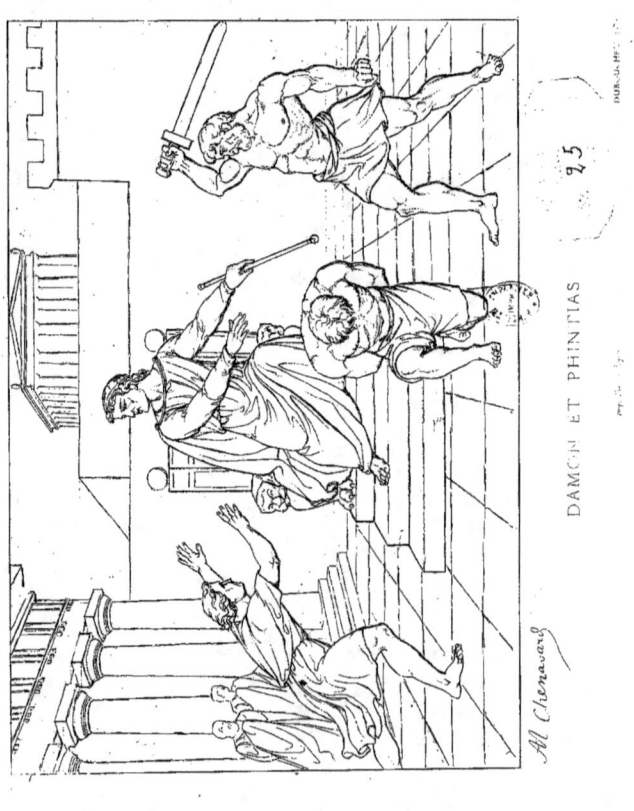

DAMON ET PHINTIAS

XIX

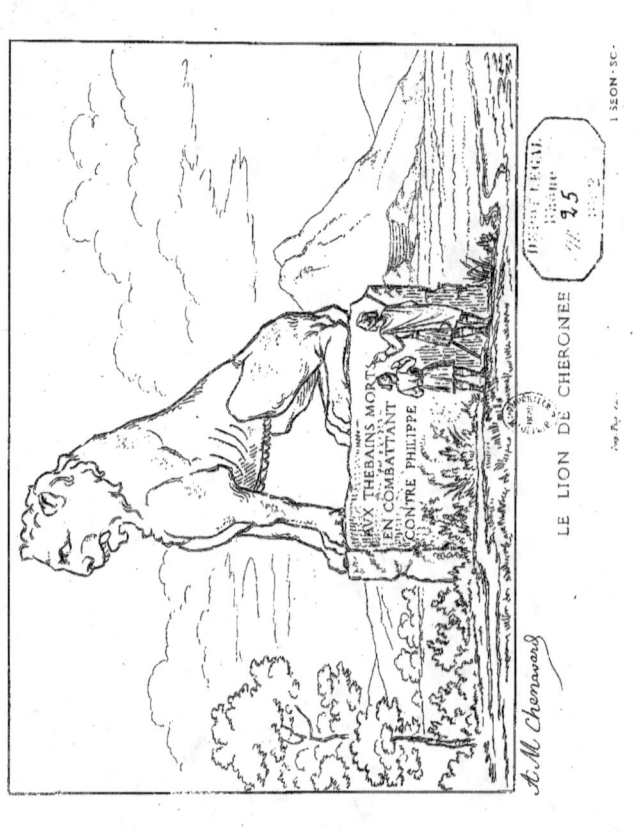

LE LION DE CHÉRONÉE

XX

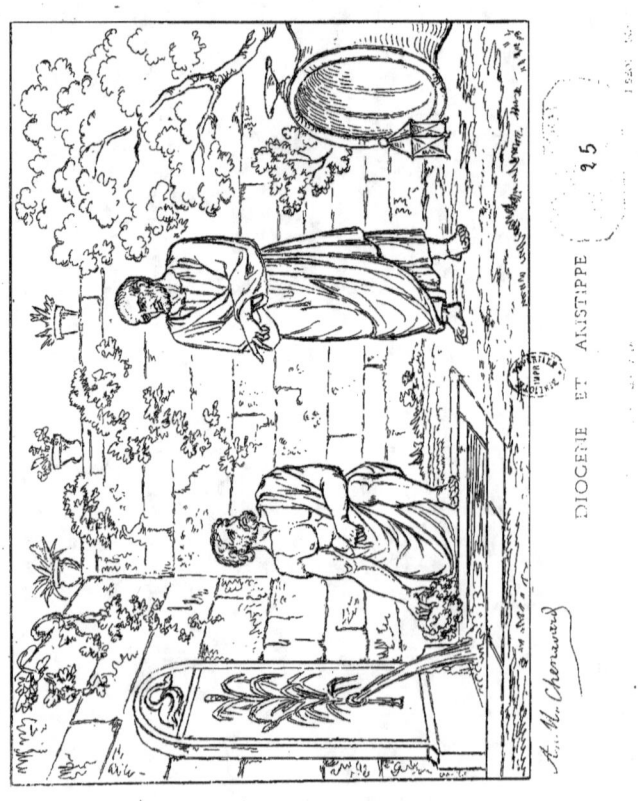

DIOGÈNE ET ARISTIPPE

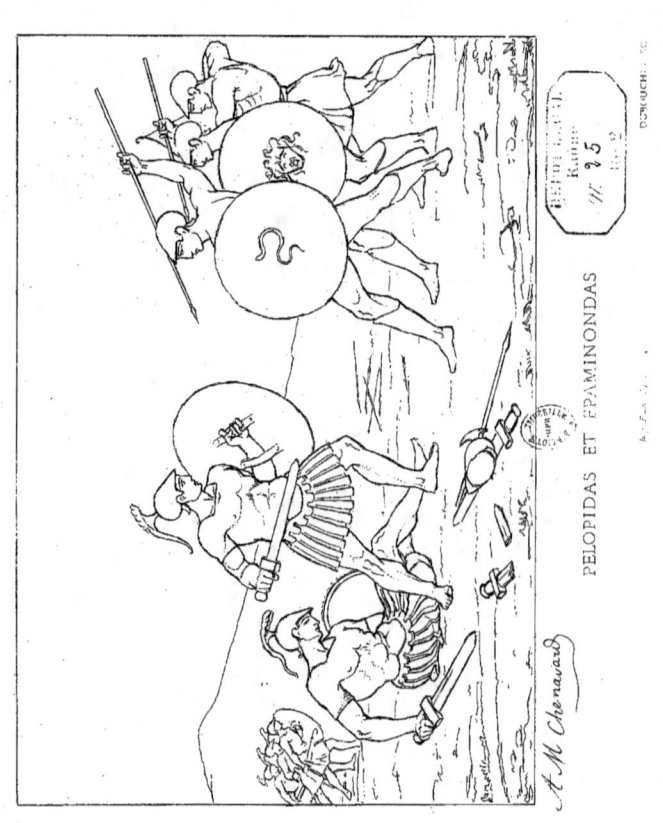

PELOPIDAS ET EPAMINONDAS

XXII

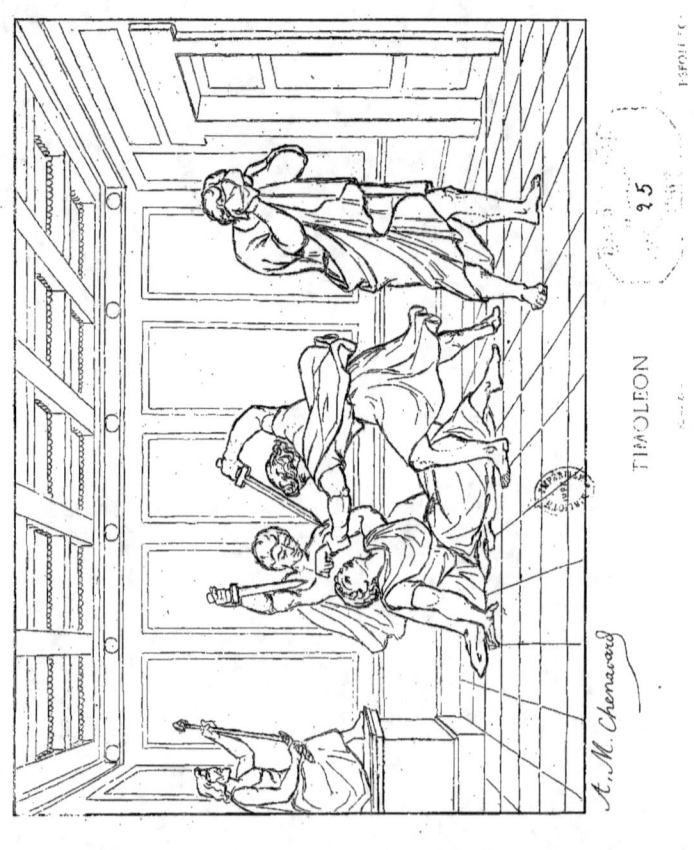

TIMOLÉON

XXIX

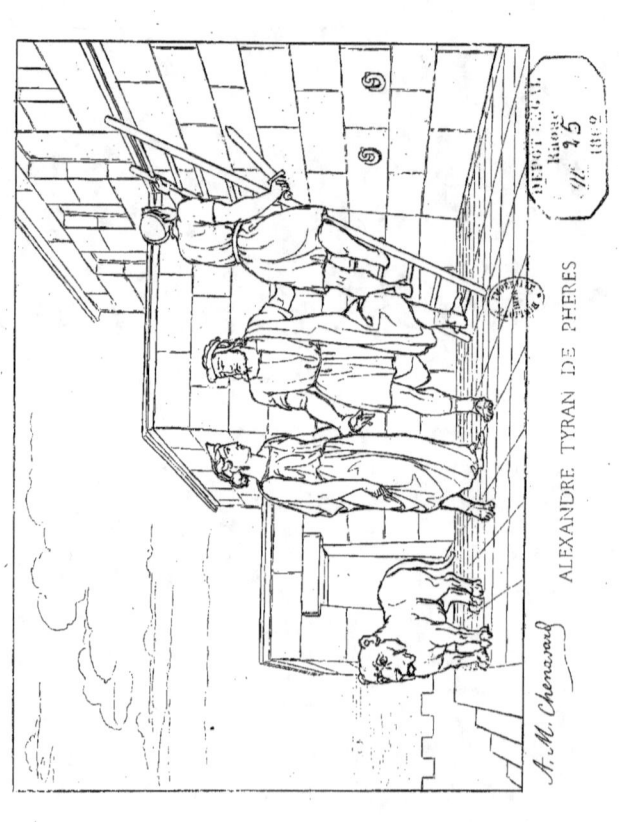

ALEXANDRE TYRAN DE PHÈRES

XXIV

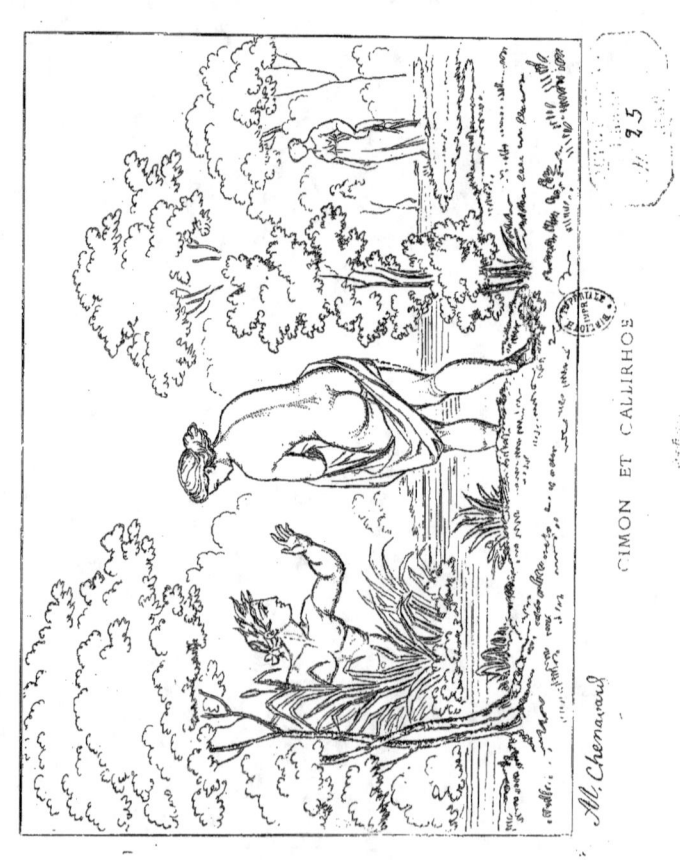

CIMON ET CALLIRHOE

XXV

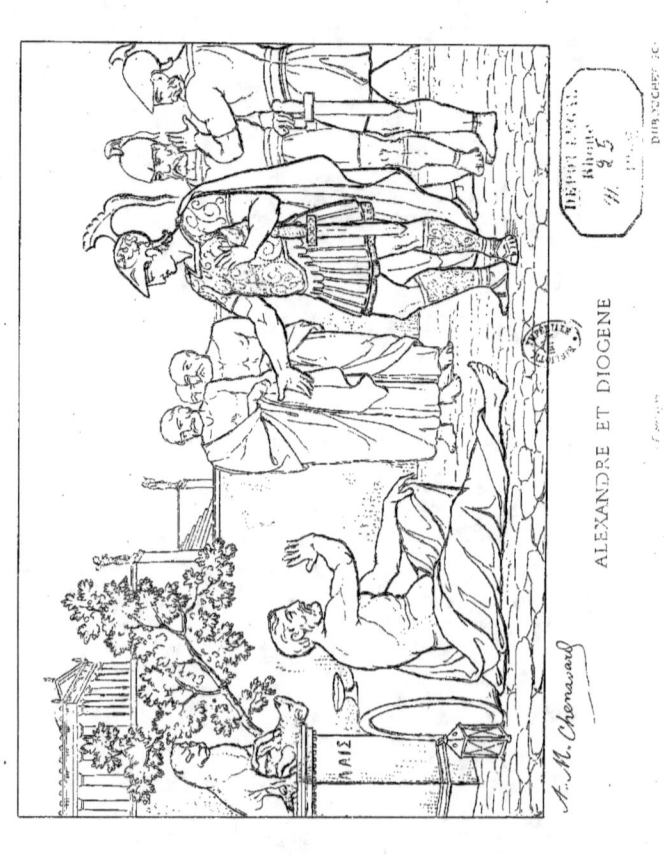

ALEXANDRE ET DIOGENE

XXVI

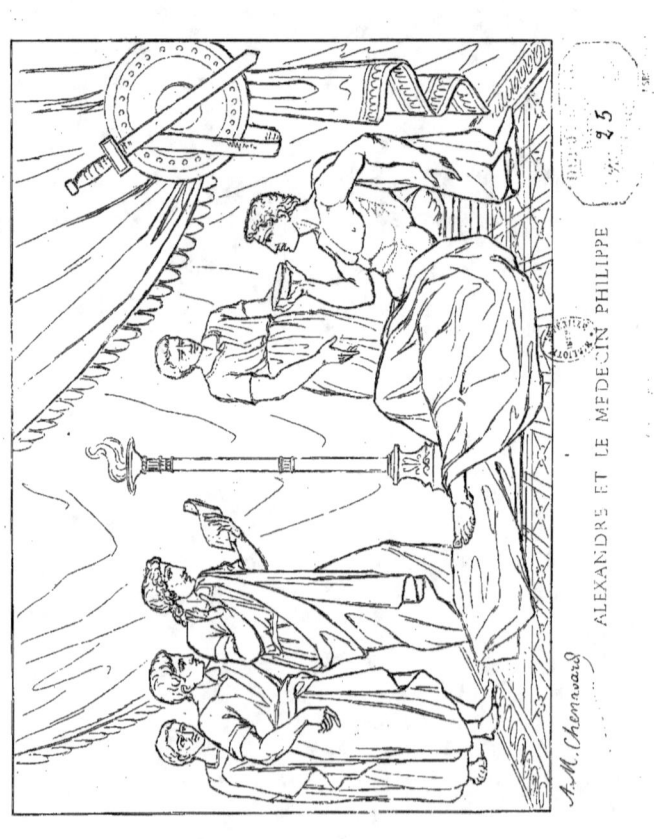

ALEXANDRE ET LE MÉDECIN PHILIPPE

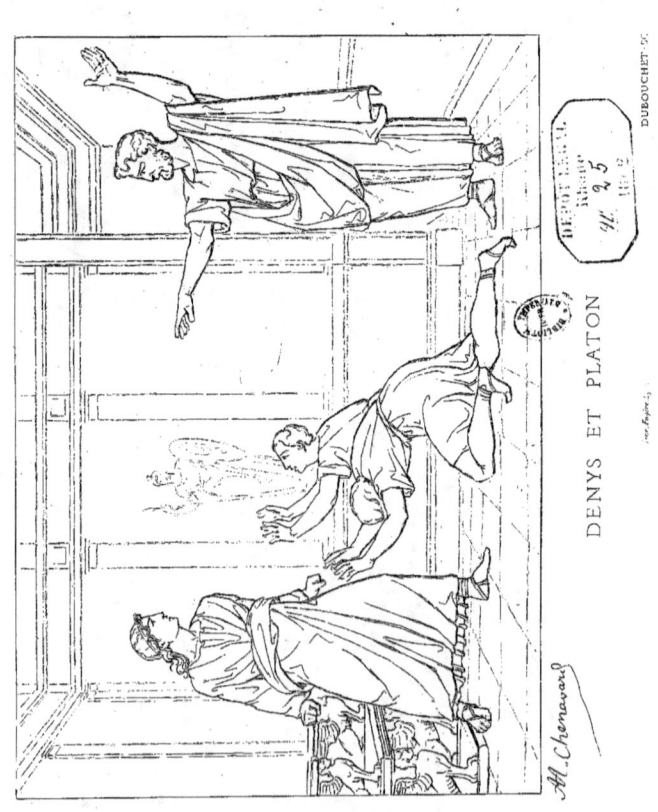

DENYS ET PLATON

XXVIII

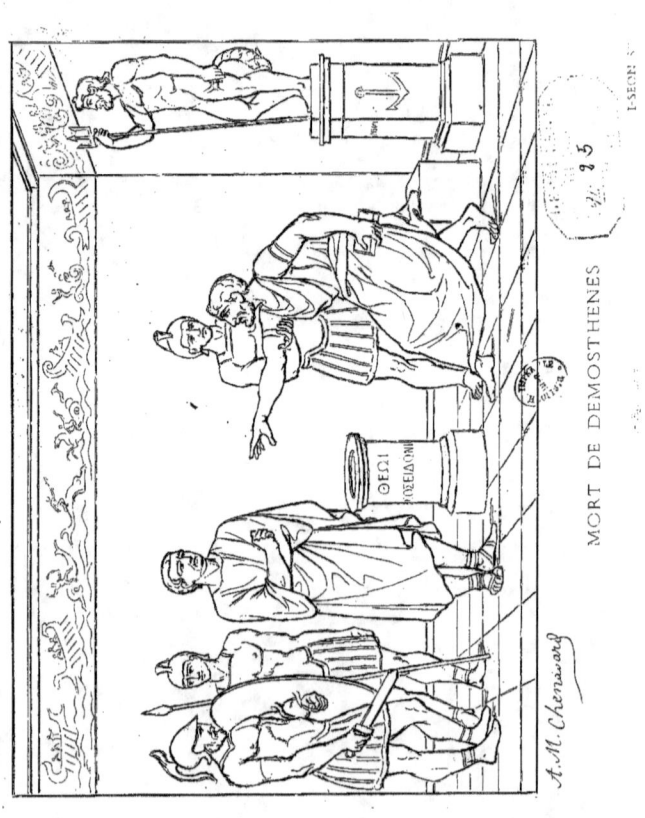

MORT DE DEMOSTHENES

XXIX

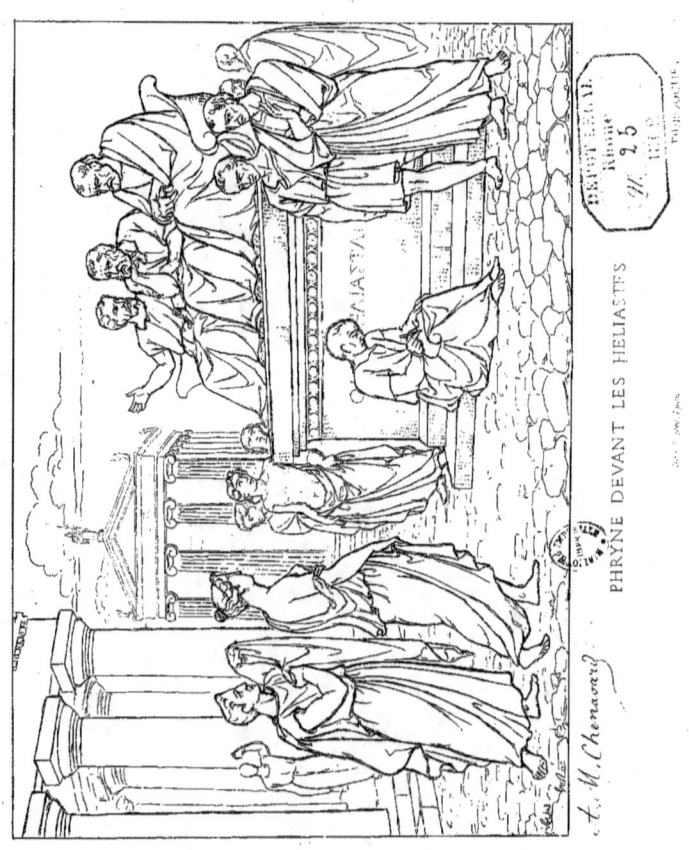

PHRYNÉ DEVANT LES HÉLIASTES

XXX.

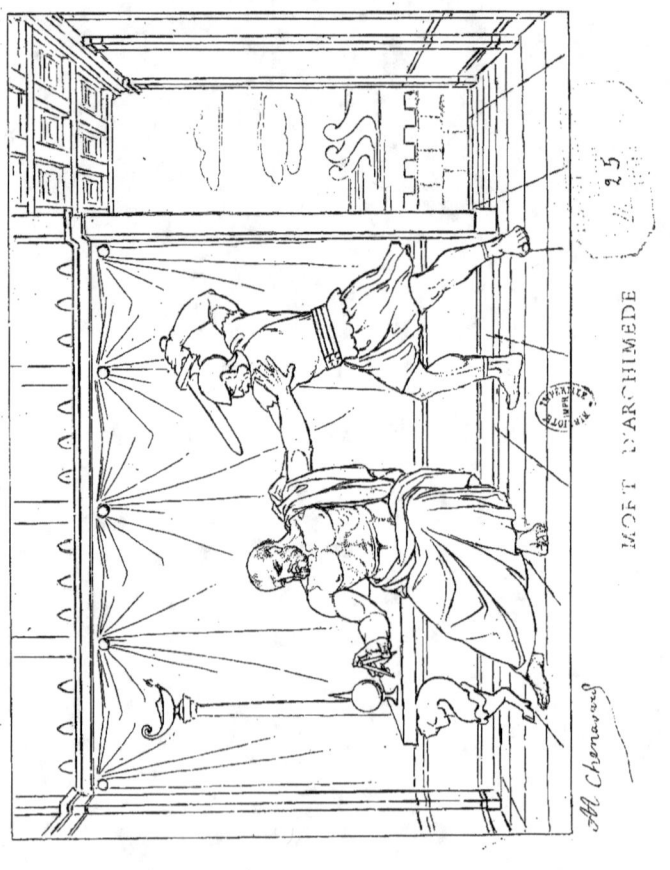

MORT D'ARCHIMÈDE

XXXI

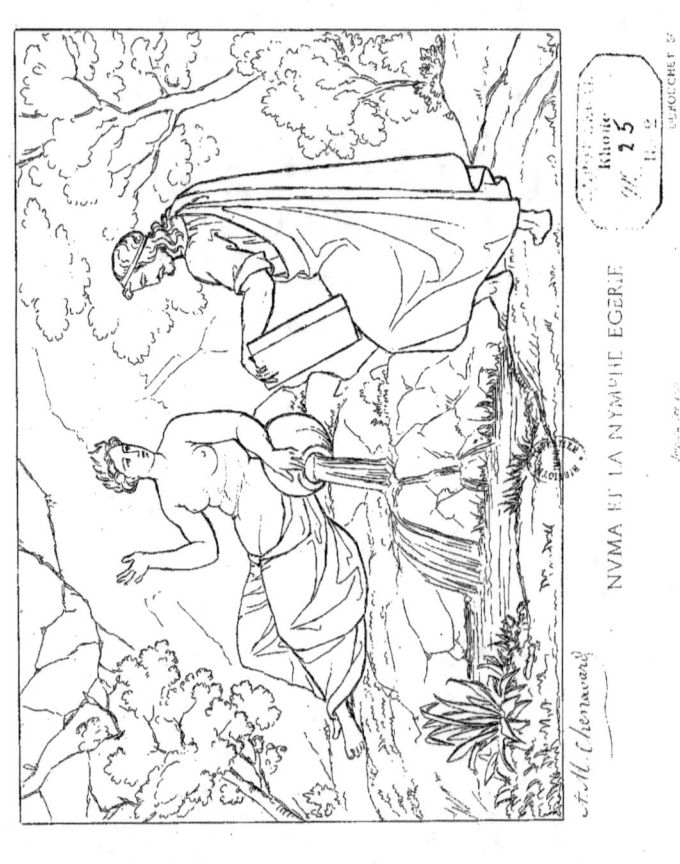

NUMA ET LA NYMPHE EGERIE

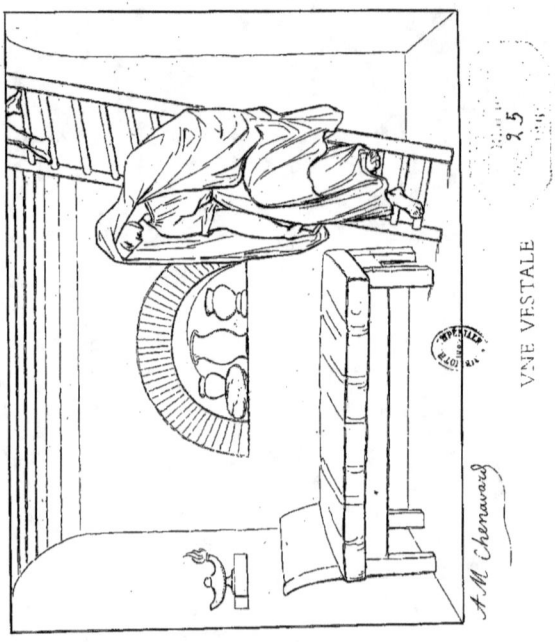

UNE VESTALE

XXXIII

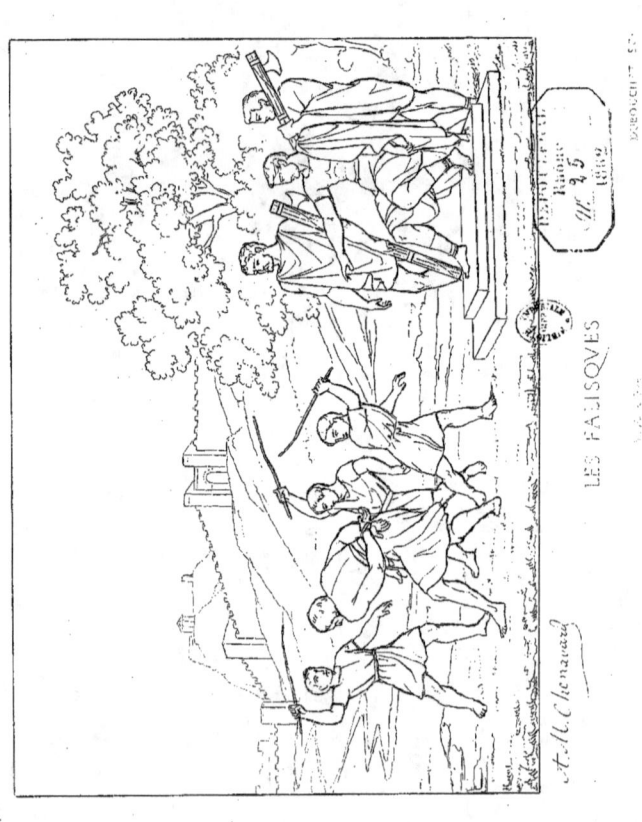

LES FALISQVES

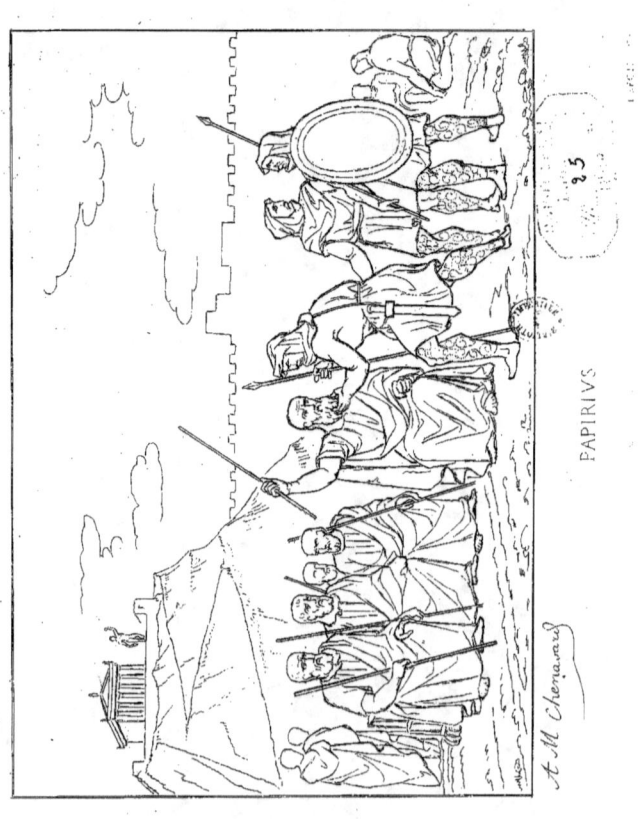

PAPIRIVS

XXXV

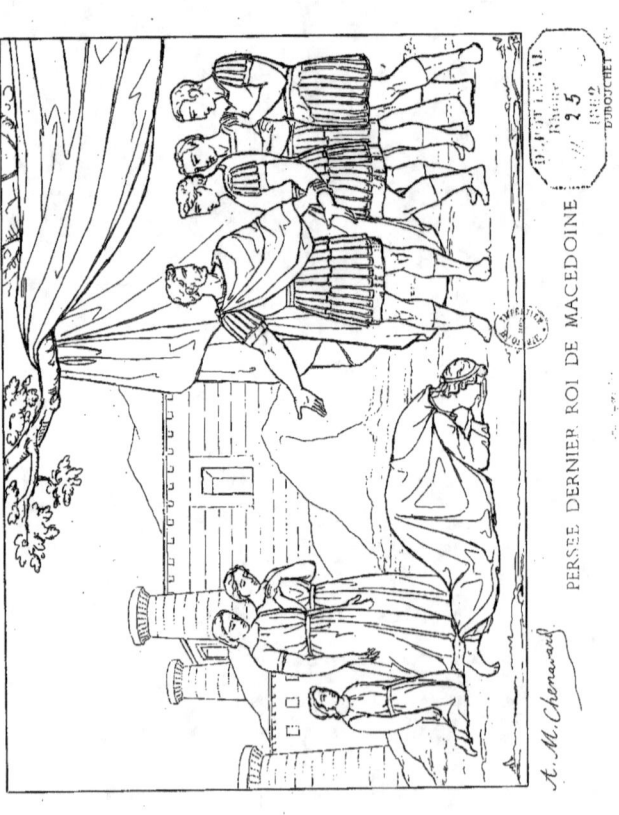

PERSÉE DERNIER ROI DE MACÉDOINE

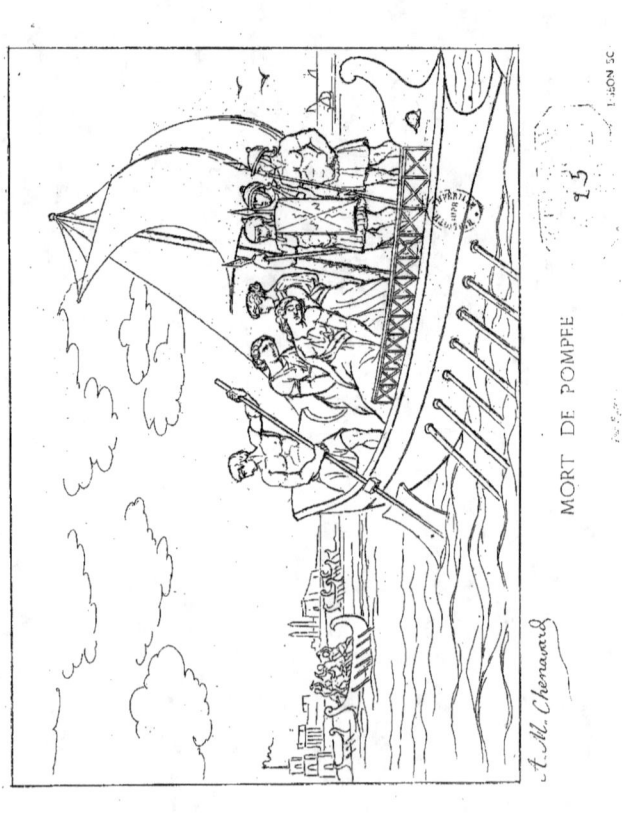

MORT DE POMPÉE

XXXVII

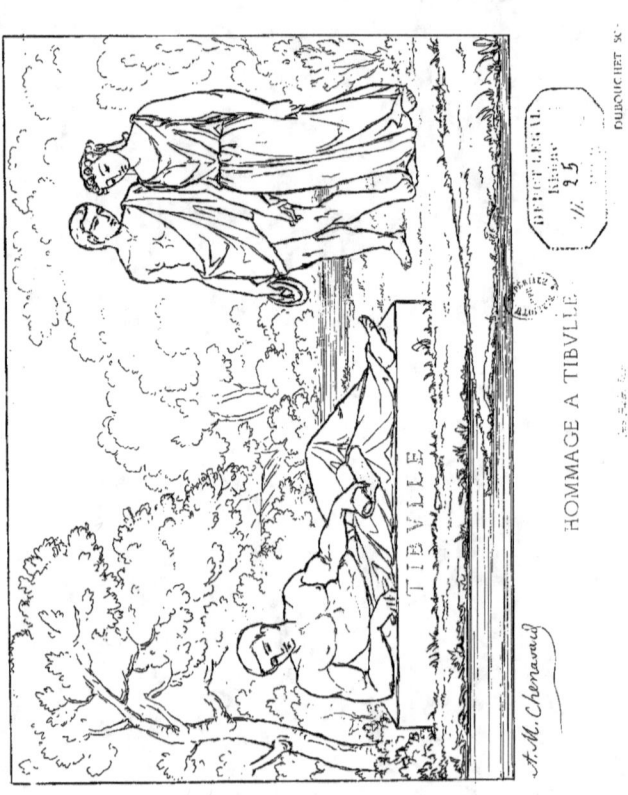

HOMMAGE A TIBULLE

XXXVIII

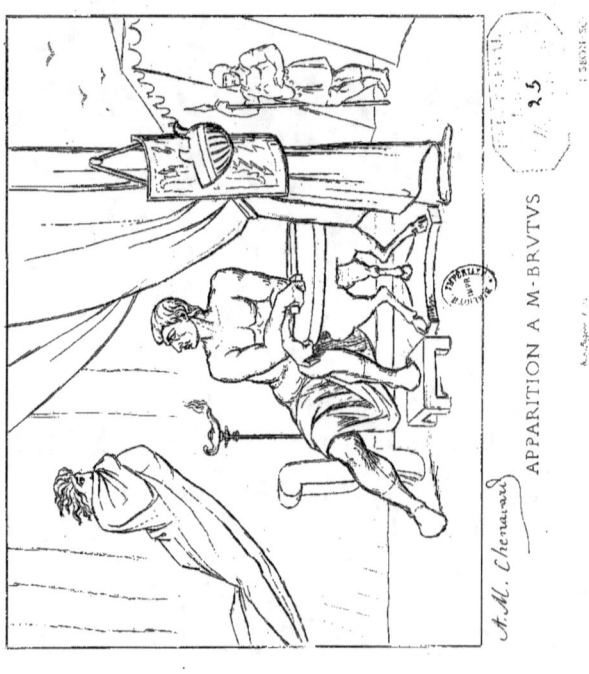

APPARITION A M·BRVTVS

XXXIX

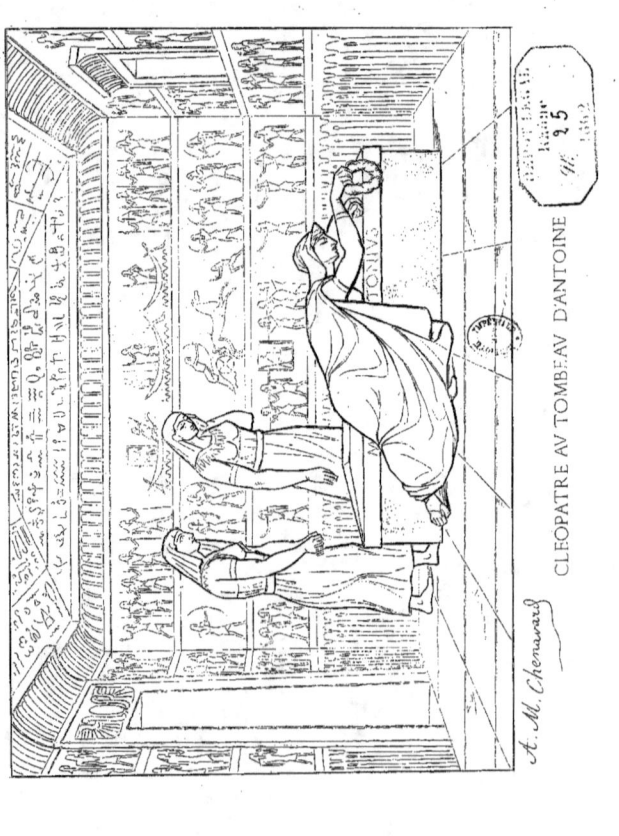

CLÉOPATRE AU TOMBEAU D'ANTOINE

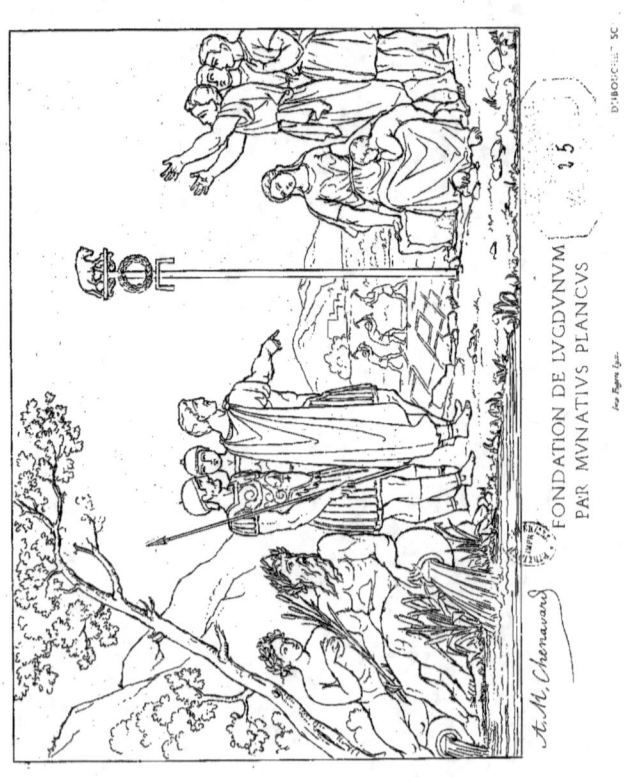

FONDATION DE LVGDVNVM PAR MVNATIVS PLANCVS